MOHANDAS KARAMCHAND
GANDHI

CARMEN ALBALADEJO VIVERO

Copyright © EDIMAT LIBROS, S. A.
C/ Primavera, 35
Polígono Industrial El Malvar
28500 Arganda del Rey
MADRID-ESPAÑA

ISBN: 84-9764-659-2
Depósito legal: M-32508-2004

Colección: Grandes biografías
Título: Mohandas Karamchand Gandhi
Autora: Carmen Albaladejo Vivero
Coordinador general: Felipe Sen
Coordinador de la colección: Juan Ernesto Pflüger

Diseño de cubierta: Juan Manuel Domínguez
Impreso en: COFÁS

IMPRESO EN ESPAÑA – *PRINTED IN SPAIN*

INTRODUCCIÓN

Es indudable que Mohandas Karamchand, más conocido como Gandhi, es una figura fundamental tanto política como ideológica del siglo XX. Según Albert Einstein, su relevancia es tal que *Quizá las generaciones venideras duden alguna vez de que un hombre semejante fuese una realidad de carne y hueso en este mundo.* Ciertamente, al recordar su imagen, parece imposible que aquel hombre pequeño, delgado hasta el límite y vestido solamente con un *dhoti* (tela sujeta alrededor de la cadera) fuera capaz de lograr la unión en una causa común de los habitantes de un país de dimensiones tales como la India (cuatrocientos millones a mediados del siglo XX, la quinta parte de los habitantes del planeta) y, lo que es más increíble, que les liderara sin violencia hacia la independencia de su país ante el imperio más poderoso del mundo en aquel momento. Su pueblo le veneró casi como a un dios, y le dio nombres como *Profeta de la libertad, Padre de la India, Mahatma* (alma grande) o *Bapu* (padre).

Aquí intentaremos mostrar tanto la vida como el pensamiento de este gran hombre, que consiguió la independencia de uno de los países más poblados del mundo sin utilizar la violencia, protagonizando así probablemente la revolución más novedosa e importante en lo que a política se refiere durante el pasado siglo, cuyas *armas* aún siguen utilizando hoy en día numerosos grupos ideológicos en todo el mundo: huelgas de hambre, manifestaciones pacíficas, sentadas no-violentas, etc. Indagaremos especialmente la evolución ideológica que llevó a uno de los pocos privilegiados en un país expoliado por el colonialismo y sumido en la pobreza que decide unirse a los más desvaforecidos y luchar por un imposible. Para ello, es imprescindible comenzar por hacer un somero análisis de la situación en la India, tanto política y social como

5

ideológicamente. Sólo así podremos comprender la gran hazaña lograda por nuestro protagonista.

El gran valor histórico de la figura del *Mahatma* Gandhi fue el demostrar que, con unos objetivos claramente definidos y un buen dirigente, un movimiento de resistencia civil puede acabar logrando sus metas. Es cierto que, tanto en Sudáfrica como en la India, las circunstancias eran especiales y favorecieron de algún modo la consecución de los objetivos de Gandhi mediante la no-violencia y la desobediencia civil. Sin embargo, en cualquier caso, nuestro protagonista se reveló como un gran estratega y, a pesar de no considerarse él mismo como político, gracias a su instinto y su gran habilidad se le puede calificar como uno de los mejores del siglo pasado.

I.   LA INDIA A FINALES
DEL SIGLO XIX

A pesar de no ser éste un libro de Historia, se hace necesario remontarnos en el tiempo para poder así comprender la situación que existía en la India en tiempos de Gandhi y, de este modo, captar en toda su dimensión la enorme importancia de nuestro personaje en la historia de la independencia de su país. También consideramos indispensable hacer un recorrido por las principales religiones que convivían y aún conviven en la India, ya que la ideología de Gandhi toma elementos de todas y cada una de ellas.

Imperio Británico

A finales del siglo XV llegó a las costas de la India el portugués Vasco da Gama, en busca de nuevas rutas comerciales. En los siglos XVI y XVII siguieron a los portugueses holandeses, franceses y británicos. Todos ellos se establecieron en el subcontinente indio como compañías comerciales, pero fueron los británicos los que consiguieron una posición comercial y administrativa más ventajosa con la creación de la Compañía de las Indias Orientales. Gracias a ella consiguieron finalmente hacerse con el control político. Establecieron su centro administrativo en Madrás, en la costa este de la India, y en 1757 lograron hacerse con el control de Bengala, en el extremo nororiental de la actual India.

El siglo XIX fue de afianzamiento del dominio británico sobre esa superficie de cuatro millones de kilómetros cuadrados en el subcontinente indio. A mediados de siglo se suprime la autoridad de la Compañía de las Indias Orientales y la India pasa a ser gobernada directamente por la Corona británica, cuyo representante allí es el virrey, nombrado cada cinco años. La reina Victoria es proclamada emperatriz de la India en 1877 y, a partir de esta fecha, se emprenden una serie de reformas en todos los sectores. A finales del siglo XIX, la India británica, dividida administrativamente en once estados o provincias, está formada por los actuales estados de la India, Sri Lanka, Pakistán, Bangladesh, Myanmar (antigua Birmania) y ciertas zonas de Afganistán y Tíbet.

Lógicamente, esta enorme extensión de territorio presenta una gran diversidad no sólo geográfica, climática y económica, sino también cultural y religiosa. Esta diversidad se refleja en el gran número de idiomas y dialectos distintos (hasta cien) que coexistían y aún hoy coexisten en la India: hindi, urdu, punjabi, gujarati, tamil, bengalí, ...

El gobierno británico estaba representado en la India por la figura del virrey, cargo que se renovaba cada cinco años, con el que convivían los *maharajás* o *nizams* (príncipes hindúes o musulmanes, respectivamente), en el gobierno de los quinientos sesenta y cinco estados principescos. Estos gobernantes nativos carecían de cualquier poder político, eran verdaderas marionetas en manos de los británicos. Es cierto que algunos indios llegaban a ocupar altos cargos en la administración, pero el verdadero poder y la toma de decisiones estuvo siempre en manos de británicos.

El desarrollo industrial de la India se frenó, a favor de los productos manufacturados británicos. Las razones principales fueron dos: el temor a que la India llegara a ser lo bastante fuerte económicamente como para independizarse y, al mismo tiempo, para beneficiar directamente a la economía británica. Gran Bretaña exportaba pimienta, caucho, azúcar, seda y algodón de la India. Lógicamente, la educación no estaba encaminada a formar una clase profesional ni dirigente, sino a perpetuar esta situación.

El lado positivo del dominio británico sobre el territorio indio era que imponía una forma de justicia más ecuánime que la que había existido nunca allí, al margen de prejuicios religiosos, como las castas, o de la lucha secular entre hindúes y musulmanes. Durante el dominio británico, ambos grupos religiosos vivieron en una paz relativa, aunque sin mezclarse. En pueblos y ciudades musulmanes e hindúes vivían separados y cada uno de ellos se expresaba en su lengua: los musulmanes en urdu y los hindúes en hindi. También es indudable el proceso de modernización que el gobierno británico otorgó al país, que se puede constatar, sobre todo, en la extensa red ferroviaria que unía los puntos más distantes del país. En resumen, fue la dominación británica la que hizo posible una conciencia de igualdad social dentro de la gran diversidad que existía en el milenario país.

El *Mahatma,* a pesar de su enconada lucha contra el imperialismo británico, expresó siempre su admiración por ciertos pensadores e instituciones británicas y de este modo consiguió su más preciado logro: cambiar la forma de pensar de la mayor parte de los británicos, que acabaron estando de acuerdo con sus ideas y abandonando el deseo de dominar la «joya de la corona», su colonia más preciada.

A la hora de abordar la vida de Gandhi, como ya hemos comentado anteriormente, es inevitable tratar la situación ideológica en la que éste se crió, especialmente las religiones que convivían (y aún conviven) en el territorio de la India. Aquí intentaremos hacer una revisión de las más relevantes a fin de conocer la situación cultural y religiosa de la India para comprender cómo influyó dicha situación en el pensamiento del *Mahatma* y, al mismo tiempo, por qué sus ideas tuvieron tanto calado en el pueblo indio.

Hinduismo

Nos parece importante recordar aquí la diferencia entre los términos «hindú» e «indio». «Hindú» es aquél que profesa la religión hinduista, mientras que la palabra «indio» hace referencia al habitante de la India. Es un error muy común confundir los dos términos, y así aparece «hindú» por habitante de la India en muchos autores y, sobre todo, traducciones de libros sobre la India.

Actualmente los hindúes constituyen el 15 por ciento de la población mundial. Representan en la India un 80 por ciento de la población total y en países cercanos, como el Nepal, es la religión oficial, profesada por un 90 por ciento de sus habitantes (en Bangladesh y en Sri Lanka también viven un número significativo de hindúes). La religión hindú impregna prácticamente todos los aspectos de la vida cotidiana india, desde el arte en todas sus manifestaciones hasta la configuración de la sociedad. Actualmente existe un gran conjunto de manifestaciones diferentes del hinduismo, debido a la diversificación de las tradiciones con el transcurrir de los siglos, pero todas ellas mantienen algunos elementos comunes.

La característica principal de la religión hinduista es la creencia en la reencarnación o metempsícosis, según la cual una misma alma puede animar sucesivamente varios cuerpos, ya humanos, ya animales o incluso vegetales. Para los hindúes, el cuerpo simplemente es un receptáculo temporal del alma, que debe realizar un viaje que le llevará por diferentes vidas antes de completar el ciclo que le permitirá liberarse de esa envoltura terrenal. El fundamento de este ciclo de vidas (que recibe el nombre de *samsara*) es la ley de la causa y efecto, es decir, cada acción o *karma* provoca un efecto determinado en el futuro. De ahí la aceptación resignada de los hindúes con respecto a la casta que les ha correspondido: la única forma de mejorar su situación es intentar ofrecer sus acciones y sus frutos como sacrificio, renunciando incluso hasta al orgullo que estas buenas acciones o buen *karma* pueden provocar. De este modo el alma podrá reencarnarse en una casta mejor en vidas futuras. A través de este proceso de pasar por un ciclo de reencarnaciones, el objetivo de todo hindú es la liberación del alma de la vida terrenal y, por tanto, del sufrimiento. Esta liberación se alcanza mediante el conocimiento de Dios y la sumisión del yo.

Para los hindúes, la religión es inherente al hombre, y el origen de la suya es anterior a la historia de la humanidad. Los libros sagrados hindúes, escritos en sánscrito, se dividen en dos grandes grupos: los *shruti,* que proceden directamente de la revelación divina, y los textos *smriti,* obra de los hombres. Dentro de los *shruti* se encuentran el *Veda* y los *Upanishad*. El *Rig Veda,* que forma parte del *Veda* y es el texto más antiguo del mundo, es una colección de himnos a los dioses. Los *smriti* son textos mucho más populares, entre ellos destaca el *Manusmriti* o *Código de Manu,* que se ocupa de la ley hindú y de cuestiones relativas al deber social y la conducta propia de los miembros de cada casta. También en las escrituras *smriti* encontramos textos épicos como el *Mahabharata* y el *Ramayana*. El primero incluye el *Bhagavad Gita* («Canto del Señor»), en el que Krishna enseña al guerrero Arjuna la importancia de cumplir con su deber de casta para así poder liberarse del sufrimiento que conlleva el ciclo de reencar-

Mahatma Gandhi, «Alma Grande», apóstol de la no-violencia.

naciones. El *Ramayana* narra la historia de Rama, hijo mayor del rey de Ayodhya, que es desterrado del reino por las intrigas de la madre de su hermanastro. Su esposa Sita y su hermano Lakshmana le acompañan y sufrirán padecimientos y aventuras hasta que por fin Rama vuelve a su reino y ocupa finalmente el trono. Es una de las tradiciones más populares del hinduismo, y de la historia de Rama circulan multitud de versiones e incluso una exitosa serie de televisión. El tema central del *Ramayana* es el deber que tiene todo hombre de seguir su propio *dharma* (destino), determinado en gran parte por su casta. En esta historia Rama es la encarnación de Visnú, que se hace hombre para derrotar a las fuerzas del caos y dar ejemplo de buena conducta. Gandhi, como devoto de Visnú, llamaba a Dios «Rama» y compartía la visión del *dharma* ofrecida por el *Ramayana,* uno de sus libros preferidos.

Las enseñanzas hindúes se transmiten, además de mediante los libros sagrados, a través de la tradición oral y la figura de los *pandits* y *gurús*. El pandit es un anciano que preserva, a través de sus hábitos y su conducta, tradiciones milenarias y el gurú es una especie de guía espiritual. Ambos suelen proceder de la casta de los brahmanes, formada por sacerdotes, de la que hablaremos en el siguiente epígrafe, aunque no es necesario recibir ningún tipo de educación védica para ser gurú. *Mahatma* Gandhi fue considerado por los hindúes como un verdadero gurú que, al igual que muchos otros, viajó sin descanso conociendo a gente de todas las castas y compartió su verdad con ellos, invitándoles a practicar su mismo compromiso con esta verdad.

El hinduismo tiene tres dioses principales: Brahma, dios creador del mundo; Visnú, el conservador, y Siva, dios destructor. Los tres dioses forman una especie de trinidad que compone una concepción del mundo circular: una vez que el destructor ha aniquilado el mundo, el creador vuelve a comenzar el proceso. Además de esos tres dioses principales, el hinduismo tiene infinidad de deidades menores asociadas a las estaciones, el clima, etc. Algunas de ellas son Ganesa (representado con cabeza de elefante), dios protector; Devi, la gran madre, diosa de la prosperidad

Los principales símbolos de la tradición hindú se han convertido en símbolos distintivos de la identidad india y de ellos echaron mano los nacionalistas en su lucha por la independencia, por ejemplo, al adorar a Rama como gobernante mítico de la anhelada nación hindú. La idea de la India como «territorio sagrado» o *Bharata Mata* (Madre India) que ningún devoto podía abandonar, tomada también del hinduismo, fue reivindicada por los nacionalistas al querer evitar la partición de su territorio. Este concepto estaba tan arraigado en la tradición hindú que uno de los preceptos de las antiguas enseñanzas prohibía cruzar las llamadas «aguas negras», es decir, prohibía hacerse a la mar para emigrar a otro lugar. A finales del siglo XIX los hindúes más ortodoxos seguían respetando este mandato y, como veremos, Gandhi fue incluso descastado por contravenirlo.

Gandhi supo extraer lo mejor del hinduismo y sus tradiciones propias, al mismo tiempo que tomó lo que le resultaba más valioso de la ideología de ciertos autores occidentales. De esta manera pudo aunar ambas tradiciones y crear un modelo de lucha único y original para su país, además de intentar eliminar las supersticiones e injusticias existentes dentro del hinduismo, como los matrimonios entre niños y el sistema de castas, que comentamos a continuación.

Castas

El sistema de castas perpetuó durante siglos un estado de sumisión, en el que los nacidos en una casta se resignaban a su destino o *dharma* sin pretender en ningún momento cambiar de casta (y en última instancia, de situación social), ya que, según el hinduismo la casta en la que una persona nace está determinada por las acciones de su vida anterior y conlleva una serie de deberes y obligaciones que es necesario cumplir como, por ejemplo, no contraer matrimonio con miembros de una casta diferente. Sólo es posible mejorar de situación, pasar a una casta mejor, sufriendo con resignación el destino determinado por los dioses y haciendo méritos para obtener una vida mejor en la siguiente reencarnación.

Hay cuatro castas principales, los brahmanes, los satrias, los vacias y los sudras. Según las escrituras sagradas hindúes las castas fueron creadas por el dios Brahma. De acuerdo con ellas, el grupo de los brahmanes procede de la boca del dios. Este grupo es el más alto de todos, a él pertenecían los sacerdotes y sabios, encargados de la custodia de la verdad revelada, que transmiten de padres a hijos, y de realizar los ritos religiosos. Los satrias, procedentes de los brazos del dios, eran guerreros; los vacias, comerciantes y funcionarios que provenían de sus muslos, y los sudras, que habían sido creados a partir de los pies del dios, se dedicaban a realizar trabajos artesanales y a la agricultura. En este último grupo también se hallaban los empleados no especializados. Además, había otro grupo social fuera de estas cuatro castas: los intocables, parias, aquéllos que no poseían nada y que, según la tradición védica, habían nacido de la tierra. En la actualidad, para designar a este grupo social se suele utilizar la palabra *dalit,* «oprimido», término que es utilizado por los propios intocables para designar a su comunidad.

Los *sin casta,* no tenían derecho y eran, según la religión hindú, los que pagaban en su reencarnación los pecados cometidos en una vida anterior. Por esa razón, se les reservaban los peores trabajos: limpiar las letrinas, retirar la basura, etc., que tenían que aceptar con humildad y sumisión. Se les consideraba no sólo impuros, sino también contaminantes, por lo que no les estaba permitido entrar en los templos, quemar a sus muertos ni mezclarse de ninguna manera con miembros de otras castas. Cualquier miembro de una casta superior que tuviera contacto con ellos debía someterse a un ritual purificador. Ni siquiera les estaba permitido tener ninguna propiedad, beber agua de las fuentes públicas ni vivir dentro de los pueblos y viajaban por caminos distintos de los frecuentados por los miembros de las demás castas. Gandhi lucharía por los derechos de los intocables, a los que llamaría *harijans,* hijos de Dios que tenían prohibido (al igual que las mujeres de cualquier casta) incluso escuchar o leer el *Veda.*

Este tipo de ideas religiosas determinaron un tipo de sociedad totalmente jerarquizada, con grupos herméticamente cerrados, clases estancas cuyos componentes no aspiraban a cambiar su situación. En el fondo, una manera de dar una explicación religiosa a una situación social muy conveniente para las clases dominantes. Un caldo de cultivo muy difícil para cualquier líder que pretenda modificarlo.

La Constitución de la India, aprobada en 1950, convirtió en delito el uso de las reglas de pureza relativas a las castas y decretó la desaparición de la casta de los intocables. Desde la independencia del país se han producido grandes avances al respecto, pero el cambio ha sido muy lento y la situación actual de los parias sigue constituyendo un gran problema que solucionar.

Budismo

Resulta difícil hacer una definición del budismo, ya que no es una religión en el sentido que damos a esa palabra en Occidente. Se podría decir que es una creencia sumamente espiritual pero que al mismo tiempo impregna prácticamente todos los aspectos de la vida diaria y cuyo fin último es la felicidad del creyente a través del desapego de sí mismo y de su serenidad y armonía con el universo. El budismo está íntimamente relacionado con el hinduismo; de hecho, parte de la concepción del mundo hinduista y regida por la ley de la causalidad. De acuerdo a esta ley natural, cada ser humano acumula un determinado *karma* (conjunto de pensamientos y actos humanos) durante su vida que determinará sus futuras reencarnaciones, según la pureza de su vida anterior se reencarnará en un ser superior o inferior. El objetivo que se pretende alcanzar es romper la rueda de las continuas reencarnaciones *(samsara)* y, por medio de la iluminación, alcanzar el *nirvana,* estado de armonía y serenidad en el que desaparece el deseo y que permite no regresar al mundo terrenal.

Esta religión fue fundada por el príncipe Siddharta Gautama, nacido en el siglo VI a.C. en Kapilavastu, ciudad de la que no se conoce hoy en día su emplazamiento, aunque se cree que estaba situada en el actual estado de Uttar Pradesh, al norte de la India, lindando con la frontera de Nepal. Gautama decidió renunciar a sus posesiones e iniciar lo que sería denominado «Gran Viaje» tras darse cuenta de que lo único inherente al ser humano era la enfermedad, la vejez y la muerte. El objetivo de este viaje iniciático por la zona norte de la India era, a muy grandes rasgos, conocer la verdad última y descubrir cómo podía el hombre liberarse del dolor y la muerte, es decir, cómo podía un ser humano modificar su *karma* para así escapar al *samsara* y alcanzar el *nirvana.* Gautama descubrió que la verdad sólo podía encontrarse dentro de uno mismo y, bajo el mítico Árbol de la Ciencia, descubrió que la causa

15

de los males de este mundo era el deseo (deseo de experimentar placer, de vivir e incluso de morir). Por lo tanto, eliminando el deseo se eliminaría el dolor que éste provoca y la única forma de matar el deseo sería llevando una vida lo más pura posible.

Buda, «el Iluminado», nombre que recibió después de su gran descubrimiento, consagró el resto de su vida a viajar por el norte de la actual India transmitiendo este conocimiento: la existencia es dolor y el modo de aniquilarlo se encuentra *entre el ascetismo y la vida mundana,* como afirmó en el llamado «sermón de Benarés», que pronunció tras su iluminación. En la vida diaria, Buda aconsejaba seguir cinco reglas básicas: *sed compasivos y respetad la más ínfima vida; dad y recibid libremente, pero no toméis nada indebidamente; no mintáis jamás, incluso en ocasiones que parezcan redimir la mentira; evitad las drogas y las bebidas, y no cometáis ningún acto carnal ilegítimo o contra la naturaleza.*

El budismo se extendió por la India, Cachemira y Ceilán (actual Sri Lanka) tras la conversión del rey Ashoka, creador del Imperio Indio, en el siglo III a.C. Ashoka expandió el territorio de la India guerreando contra los pueblos vecinos. Pero, una vez convertido al budismo, renunció a seguir luchando para dedicarse a la no-violencia y a la expansión de la doctrina en su imperio. Llegó incluso a enviar emisarios a Grecia y Siria para que predicaran el mensaje de Buda. Sin embargo, puede que su conversión no fuera tan desinteresada como parece. La doctrina budista era realmente eficaz para los soberanos, ya que, al afirmar que el sufrimiento es parte ineludible de la vida y preconizar un tipo de vida modesta y pacífica, el establecimiento del budismo como religión de Estado aseguraba un reino estable en el que la miseria estaba justificada.

Hasta el siglo VII, el budismo se expandió por todo el Extremo Oriente, llegando hasta la China y Japón, donde surgió la variante *zen* de esta doctrina. La comunicación entre los países de la zona se vio alentada por los monjes budistas que viajaban a la India en busca de las fuentes de su religión. Sin embargo, al mismo tiempo que trascendía las fronteras de la India, en su país de origen el budismo iba poco a poco perdiendo vigor, siendo sustituido por los anteriores cultos hindúes y, a partir del siglo VIII, por el islamismo que trajeron consigo los invasores musulmanes. No obstante, a pesar de que hoy en día solamente un 0,6 por ciento de la población india es budista, es indudable el poso que la tradición de la enseñanza de Buda ha dejado en la filosofía y la mística indias. Muchos hinduistas consideran a los budistas, jainistas y sijs, de los que ahora hablaremos, como parte de la religión hindú, ya que sus doctrinas partieron del hinduismo.

Encontramos numerosos paralelismos entre la vida de Gandhi y la del propio Buda. Gandhi, al igual que éste, emprendió un duro camino en busca de su propia verdad. Este camino incluyó en muchas ocasiones peregrinaciones por todo el país cuyo objetivo era transmitir su verdad, que conduciría finalmente a la liberación no sólo del país, sino también de cada individuo. Consagró su vida a este fin, descuidando incluso a su familia (al igual que Buda, que abandonó a su mujer y su hijo para emprender su camino), algo que muchos le recriminaron.

Las recomendaciones budistas para la vida diaria se asemejan mucho al estilo de vida que llevó y recomendó el *Mahatma,* es decir, el desarrollo de cualidades como el amor, la bondad, la caridad, la tolerancia, etc. en suma, la compasión en su sentido etimológico, el «padecer con» todo aquél que sufre y compartir sus sentimientos para aliviarle en todo lo posible.

Y no podemos olvidar el principio de la no-violencia, defendido, según la tradición, por el propio Buda con estas sencillas palabras: *Mi pensamiento ha viajado en todas las direcciones a través del mundo. Nunca encontré nada que fuera más querido al hombre que su propio Yo [...]. Habida cuenta de que su Yo es tan caro a los demás como a cada uno lo es el suyo propio, está claro que quien desee su propia felicidad no ejercerá violencia sobre ningún otro.*

Vegetarianismo

Habiendo considerado el origen de los alimentos cárnicos, y la crueldad de encadenar y asesinar seres corpóreos, que el hombre se abstenga totalmente de comer carne (Manusmriti 5.49). Esta cita del libro más conocido de preceptos religiosos del hinduismo ilustra perfectamente la postura hindú hacia el vegetarianismo, fundamental para no manchar el *karma* y para poder obtener sabiduría espiritual. Realmente no es un precepto obligatorio para los hindúes, pero la mayoría de ellos lo practican, ya sea por tradición heredada o por convencimiento propio.

Según las leyes de la reencarnación, un hombre podría renacer en otra vida en el cuerpo de un animal al igual que su alma podría haber estado anteriormente en el cuerpo de un animal. Es decir, la espiritualidad no está limitada a la forma humana, Dios lo es todo, por lo tanto todos los seres vivientes son sagrados y no se les debe causar ningún daño. En última instancia, el cuerpo humano es un alojamiento temporal para el alma espiritual eterna, que participa de la divinidad junto con el resto de los seres vivos.

El vegetarianismo, del que Gandhi fue un acérrimo defensor, también es una característica que destacar en la doctrinas budista y jainista, ya que ambas proceden de la tradición hindú y promulgan la teoría de la reencarnación.

Jainismo

El jainismo, al igual que el budismo, es una rama del hinduismo surgida también hacia el siglo VI a.C. Se considera al profeta Mahavira, contemporáneo de Buda, como el fundador del jainismo, pero realmente él fue el que finalizó un trabajo realizado por varios profetas anteriores y que sentó las bases de la doctrina jainista. La comunidad jainista está formada por unos cuatro millones de personas en la India, diseminados por todo el país, aunque se encuentran especialmente en la zona más occidental, en el Gujarat. A pesar de no constituir un grupo religioso excesivamente numeroso, su importancia cultural en la India es bastante relevante y el pensamiento de Mohandas Gandhi se vio fuertemente influenciado desde su infancia por el jainismo.

Su doctrina principal proclama la *ahimsa*, la no-violencia, según la cual cualquier tipo de vida, incluso la animal o vegetal, merece el máximo respeto: *No mates a ninguna cosa viviente, no lastimes a ninguna cosa viviente mediante la palabra, pensamiento o acto, ni siquiera en defensa propia.* Llevan esta filosofía al extremo, hasta el punto de que muchos monjes jainistas llevan mascarillas de tela que cubren sus bocas y nariz, para no matar ningún insecto minúsculo al respirar. También barren la arena por la que van a pasar para evitar así pisar alguna hormiga. La religión

18

jainista es ateísta. Los dioses son criaturas que pueblan uno de los mundos y, al igual que los hombres, están sometidos a la ley de causa y efecto.

Lógicamente, los jainistas son vegetarianos y están en contra de cualquier tipo de guerra. La mayor parte de ellos se dedican al comercio, ya que su religión prohíbe la agricultura y la ganadería. Los jainistas están obligados a llevar a cabo al menos un acto de caridad diario. Su religión, además de la caridad y la solidaridad, también proclama la austeridad y el autocontrol.

Esta religión tiene ciertas características animistas, ya que considera a la tierra, el agua, el fuego y el viento como seres vivos a los que, al igual que a los vegetales y animales, se debe respetar al máximo.

Islam

El Imperio Mogol, que dominaba la India desde el siglo XVI, de origen musulmán, se derrumbó en el siglo XVIII. Aunque en ningún momento intentaron imponer al pueblo conquistado su religión, tras su derrumbe se produjo un renacimiento del hinduismo y comenzaron los enfrentamientos entre ambos grupos religiosos que, en cierta manera continúan hasta nuestros días. La mayor parte de los musulmanes entonces descendían de intocables que se habían convertido para mejorar su situación. Los hindúes no lo habían olvidado.

Los fundamentos de la religión islámica, al igual que los del cristianismo, son bien conocidos, por lo que no nos parece relevante hacer aquí más hincapié en ellos.

Religión sij

La palabra *sij* significa «discípulo, alumno». La religión sij nació del fruto de la unión del hinduismo y del Islam. Fue fundada en el siglo XV en el Punjab (al noroeste de la India) por el Gurú Nanak, cuyo objetivo era unificar ambas religiones para obtener lo mejor de cada una de ellas. Sus creencias básicas son el monoteísmo, la negación de las castas, la igualdad de sexos, la humildad y el servicio al prójimo. Actualmente un 1,9 por ciento de la

19

población india (unos dieciocho millones de personas) profesan esta religión, y también hay pequeñas comunidades sijs en Gran Bretaña, Canadá, Estados Unidos y Malasia.

Los sijs llegaron a establecer un reino en el Punjab, que fue finalmente anexionado al Imperio Británico a mediados del siglo XIX. Allí se encuentra el lugar sagrado sij, el Templo Dorado de Amritsat, fundado en el siglo XVI y situado en la actualidad a tan sólo 14 km de la frontera con Pakistán. Tras la división de la India de 1947, el Punjab quedó separado entre Pakistán y la India, y la comunidad sij fue de las más afectadas por las revueltas religiosas que sucedieron a la independencia, de hecho unos dos millones y medio de sijs huyeron de los territorios de Pakistán para instalarse en la India.

El libro sagrado sij es el *Granth Sahib,* escrito por el gurú Arjun, que vivió a finales del siglo XVI. El libro contiene, además de himnos sijs, otros escritos hindúes y musulmanes. Los sijs más ortodoxos observaban (y aún hoy observan) la ley de las Cinco K: *kesh* (dejarse crecer el cabello y la barba como signo de fe y espiritualidad); *kangha* (llevar un peine de marfil o de madera, que simboliza la higiene y la disciplina); *karpan* (llevar una daga, símbolo de poder y dignidad); *kuchha* (vestir calzones cortos de guerrero, símbolo de autocontrol y modestia), y *kara* (un brazalete de acero en la muñeca derecha, símbolo de moderación y recuerdo de Dios). Aún hoy en día, los sijs son fácilmente reconocibles por su larga cabellera, que recogen en un turbante. Además de no cortarse el pelo, tampoco beben alcohol ni fuman.

En las últimas décadas del siglo XX, los sijs han demandado más autonomía para la región del Punjab, lo que ha dado lugar a varias revueltas, hasta el punto de que en abril de 1984 las tropas indias ocuparon la región.

Parsis

Los parsis, nombre que reciben los seguidores del Zoroastrismo, no son muy numerosos; de hecho se calcula que actualmente en el mundo sólo hay unos ciento treinta mil parsis, de los que unos cien mil habitan en la India, casi exclusivamente en la región de Bombay. Su lengua sagrada es el *avesta,* hablado en Irán en la anti-

20

güedad. Los actuales parsis descienden de un grupo religioso que gobernó durante siglos en Persia (de ahí el nombre de *parsis),* de donde fueron expulsados por los musulmanes en el siglo VII. Emigraron a la India, donde se establecieron como comerciantes, armadores y banqueros.

Su dios es Ormuz, y el profeta que transmitió su mensaje fue Zoroastro o Zaratustra. No se sabe exactamente cuándo vivió, aunque los historiadores han datado su vida alrededor del 5000 a.C. Las enseñanzas de Zoroastro están recogidas en los cinco libros del *Zend-avesta* («palabra viviente»), en los que se propugna la existencia de un principio soberano invisible, sin principio ni fin, que rige el Universo. Este principio o dios se representa en los templos parsis por medio del fuego y la adoración del sol, del que se originan el bien y el mal, que gobiernan alternativamente el mundo.

A pesar de ser una religión no muy extendida, su influencia en el pueblo indio es bastante grande, al igual que la del jainismo. Algunos parsis fueron figuras destacadas en el movimiento nacionalista indio y su posición social les convirtió en impulsores de la moderna industrialización del país. Hoy en día, aunque constituyen solamente el 0,02 por ciento de la población, varios parsis controlan varios emporios financieros en la India. Uno de los parsis más destacados de la historia reciente de la India fue Feroze Gandhi, el esposo de Indira Gandhi.

Cristianismo

En la India podemos encontrar, además de toda esa variedad de religiones, una pequeña minoría cristiana, importada fundamentalmente por misioneros europeos. Aunque la actividad misionera ejercida por los británicos no fue reconocida oficialmente por la Compañía de las Indias Orientales hasta 1813, numerosos religiosos habían empezado ya a ejercerla por su cuenta. Al igual que sucedía con el Islam, el cristianismo era adoptado fundamentalmente por los miembros de las castas más desfavorecidas.

II.   INFANCIA Y AÑOS DE FORMACIÓN

Mohandas Karamchand Gandhi nació en la ciudad de Porbandar el 2 de octubre de 1869 (el duodécimo día del mes de Bhardava en el calendario hindú). Porbandar es una ciudad costera situada a orillas del océano Índico. En el siglo XIX, esta ciudad, habitada sobre todo por pescadores y marineros, era la capital del pequeño estado del mismo nombre y en la actualidad es una de las principales ciudades del estado de Gujarat, en la zona más occidental de la actual India y junto a la frontera de Pakistán, y es conocida sobre todo por la blanca piedra que producen sus canteras.

Los pequeños estados que conformaban la India en aquella época, bajo la dominación británica, tenían una estructura similar a la de un pequeñísimo Estado soberano, con un gobernante al frente y una administración propia.

La familia de Gandhi

Karamchand Gandhi, padre de nuestro protagonista, había enviudado en tres ocasiones y tenía dos hijas cuando se casó con la joven Putlibai, con la que tuvo otros cuatro hijos, todos ellos varones. El menor de ellos fue Mohandas Gandhi.

Los Gandhi pertenecían a la tercera casta hindú, los *vacias,* la de los comerciantes, mercaderes y pequeños terratenientes. Dentro de dicha casta, pertenecían al grupo o subcasta de los Modhs Banias, cuyo nombre podría traducirse por «tendero», caracterizados por ser comerciantes especialmente hábiles. Durante seis generaciones, los Gandhi habían poseído el cargo de *diwan* (primer ministro) en Porbandar, entre cuyas atribuciones estaban el mantenimiento de la ley y la recaudación de impuestos. Ser funcionario de la corte era

23

Karamchand Gandhi, por sobrenombre Kaba, *padre de Mahatma, fue primer ministro del Estado de Rajkot.*

todo un honor para un miembro de su casta y la familia Gandhi estaba muy orgullosa de ello y esperaban que alguno de sus hijos siguiera la tradición familiar y llegara a ser *diwan*.

Tanto Karamchand como Putlibai, madre de Mohandas, eran extremadamente religiosos y especialmente devotos del dios Visnú. Putlibai procedía de la secta de los pranamis, cuyo culto mezclaba creencias hindúes y musulmanas, y educó a sus hijos de acuerdo con ellas. Los pranamis vivían rodeados de una gran austeridad, eran vegetarianos estrictos, no probaban el alcohol, practicaban ayunos periódicos y defendían la tolerancia entre religiones. Así, Gandhi creció desde niño en un ambiente en el que se practicaban habitualmente rituales de purificación del cuerpo y tuvo la oportunidad de relacionarse con cristianos, musulmanes, parsis, jainistas y sijs. Aprendió que el valor verdadero de las personas consiste no en su extracción social ni en sus creencias, sino en su sinceridad, sencillez, capacidad para el perdón y autocontrol.

No obstante, a pesar de haber nacido y crecido en un ambiente de profunda religiosidad, Mohandas no prestó en estos primeros años demasiada atención a su formación espiritual. De hecho no leería el *Bhagavad Gita* (libro sagrado de los hindúes), venerado por su madre, hasta muchos años después, en Inglaterra.

Al contrario que la mayoría de los niños de la India, Gandhi, como el niño privilegiado que fue, pudo asistir a la escuela de Porbandar. Sin embargo, no destacó como un estudiante especialmente brillante. Era un muchacho solitario y extremadamente tímido, por lo que no hizo muchos amigos. Sabiendo sus futuros logros, sorprende conocer, de boca del propio Gandhi, que de niño y adolescente estaba muy acomplejado debido a su delgadez, era muy asustadizo y tenía verdadero terror a que sus compañeros se rieran de él. Cuando tenía siete años, su padre fue nombrado primer ministro en el cercano estado de Rakjot, a unos 160 km de Porbandar. Allí Gandhi finalizó la escuela primaria y la secundaria. Tenía doce años cuando acabó dichos estudios.

Boda con Kasturbai

Con sólo trece años, siguiendo la tradición hindú, su familia decidió que contrajera matrimonio con Kasturbai Nakanji, proveniente de una familia de comerciantes. Kasturbai no sabía escribir (ni aprendería nunca) y sólo sabía leer con dificultad. Gandhi conoció la noticia de su matrimonio poco menos de un año antes de que se celebrara la boda. Era la tercera niña con la que le comprometían, pero las dos anteriores habían fallecido. Él contaría en su biografía que: *El matrimonio no significó para mí otra cosa que la perspectiva de llevar hermosas ropas, asistir a fiestas nupciales y a los ricos banquetes y tener una niña desconocida como compañera de juegos infantiles.*

El mismo día se casaron, además de Mohandas, su hermano mayor, Laxmidas, y su primo. La boda se celebró en Porbandar y Karamchand gastó en ella prácticamente toda la fortuna familiar. A pesar de que Gandhi, ya siendo adulto, censuraría siempre los matrimonios infantiles de conveniencia, pactados entre familias, él fue afortunado, ya que amó profundamente a su esposa. Los dos estuvieron casados hasta la muerte de Kasturbai en 1944, su matrimonio duró sesenta y dos años. Padecieron juntos grandes dificultades, vivieron separados largo tiempo debido a diversas circunstancias y, como veremos, la esposa de Gandhi incluso estuvo en prisión por defender las ideas de su marido.

Aproximadamente en esta época y, con el afán de superar sus complejos ante sus compañeros de escuela, consumió carne por primera vez en su vida. Existía entre los vegetarianos hindúes cierto mito según el cual la carne proporcionaba valor y fortaleza, de hecho, se consideraba que los británicos habían sido capaces de dominar el territorio indio debido a los poderes conseguidos a través de sus hábitos carnívoros. Esto explica que un compañero de la escuela pudiera convencer tanto a su hermano Laxmidas como al propio Gandhi de que comer carne les haría más fuertes y valientes. Sin embargo, la escasa media docena de veces que probó la carne de cabra le causó tales remordimientos que decidió no volver a probarla, al menos no mientras que sus padres vivieran. Era consciente de que para un hinduista, como lo eran sus padres, apartarse del vegetarianismo era un grave sacrilegio.

Muerte de su padre y de su hijo primogénito

En 1885, el padre de Gandhi cayó gravemente enfermo a causa de una fístula. Gandhi tenía dieciséis años y cuidaba de él junto a

26

su madre y su tío. Pero la enfermedad de su padre no conseguía anular la fogosidad del joven, y su mente estaba constantemente ocupada en su joven esposa.

La noche en que murió Karamchand, Mohandas se encontraba con su esposa mientras su tío se hacía cargo de su padre. Fue un criado el que entró en la habitación para anunciarles que su padre había fallecido. Gandhi jamás se perdonaría no haber estado junto a su padre en el momento de su muerte:

> Corrí a la habitación de mi padre y comprendí que si la pasión animal no me hubiese cegado tal vez hubiera muerto en mis brazos. Fue mi tío quien tuvo ese privilegio. La vergüenza de mi deseo carnal es una falta que jamás he podido disimular ni olvidar. Mi pensamiento se hallaba aprisionado en aquellos instantes por las garras de la lujuria.

Entonces su esposa estaba embarazada de su primer hijo, que murió a los pocos días de nacer. Mohandas vivió esta pérdida como un castigo por su pecado y los meses que siguieron a las dos muertes fueron muy duros para él, que no dejaba de atormentarse y arrepentirse.

El padre de Gandhi había esperado que alguno de sus hijos le sucediera en su puesto de *diwan,* por eso había decidido que su hijo menor estudiase Derecho, para poder así ejercer dicho cargo. Era consciente de que corrían tiempos nuevos y, aunque él no había tenido estudios, su hijo los necesitaría para poder llegar a semejante cargo. Gandhi deseaba estudiar Medicina, pero su familia le recordó que su religión le impediría hacer disecciones en cuerpos muertos y que debía respetar los deseos de su difunto padre. Así, dos años después de la muerte de éste, en 1887, se matriculó en el primer curso de Derecho en el Samaldar College de Ahmedabad, capital del estado de Gujarat, situada a unos 200 km de Rajkot. Las clases allí se impartían en inglés, idioma que aún no dominaba, ya que su idioma materno era el gujarati, por lo que sus resultados fueron decepcionantes. Así las cosas, un amigo de la familia, Becharji Swami, monje jainista, les aconsejó también que le enviasen a estudiar Derecho a Gran Bretaña, al afamado Colegio de Abogados del Inner Temple de Londres.

Las costumbres occidentales

A pesar de que enviar a Gandhi a Gran Bretaña suponía un gran sacrificio para la economía familiar, Putlibai, su madre, y Laxmidas, su hermano mayor, que tras la muerte del padre era el cabeza de familia, decidieron enviarle allí. Sin embargo, Putlibai, preocupada por el efecto que la vida en occidente podría tener en su joven hijo, le impuso tres condiciones: no comer carne, no tomar alcohol y no tener relaciones con mujeres.

Gandhi veía con gran ilusión este viaje a Gran Bretaña, pero al mismo tiempo se sentía enormemente entristecido al tener que abandonar a Kasturbai y algo atemorizado ante la perspectiva de vivir varios años entre los ingleses. Además, en el verano de 1888 acababa de nacer su hijo Harilal.

Finalmente, acompañado por Laxmidas, se dirigió a Bombay, donde debía embarcarse rumbo a Southampton. Una vez en Bombay, Laxmidas regresó a Porbandar y Gandhi tuvo que esperar varios días antes de que el barco en el que debía viajar zarpase. En esta espera, los Modhs bania, grupo perteneciente a la casta de los *vacias,* se enteraron de que uno de los suyos pretendía cruzar el mar y vivir entre los europeos, algo considerado sacrílego entre ellos. Advirtieron a Gandhi de que sería considerado un intocable si persistía en su empeño. Y el tímido y apocado joven mostró por primera vez su valor al enfrentarse a los banias: les dijo que no debían inmiscuirse en una decisión personal y así el 4 de septiembre de 1888 se embarcó rumbo a Londres. Los banias le declararon *descastado* y prohibieron a todos los miembros de su casta que se asociaran con él o le ayudasen. Ésta fue la primera decisión importante que Gandhi tomó por sí mismo contra la autoridad.

Zarpaba no sólo rumbo a un país totalmente diferente al suyo, sino a un conocimiento del mundo y de la vida que no podía haber tenido en el reducido espacio en el que había vivido hasta entonces. Es cierto que estaba casado y ya era padre de un niño de pocos meses, pero había pasado sus dieciocho años de vida en una pequeña ciudad de un país explotado por un imperio colonizador. Pronto sus ojos se abrirían al mundo y comenzaría entonces su verdadera formación. Durante las tres semanas que duró el viaje en barco, no habló mucho con los demás pasajeros, ya que le avergonzaba no dominar el inglés. También evitó frecuentar el comedor, no había aprendido aún a utilizar los cubiertos, por lo tanto durante ese tiempo se alimentó a base de frutas y dulces que había llevado desde su casa.

A su llegada a Londres, se alojó en un primer momento en casa de unos conocidos hindúes, pero poco después se mudó al lujoso hotel Victoria, situado cerca de Trafalgar Square, en pleno centro de la ciudad. Según confesó él mismo, las primeras semanas fueron especialmente duras, ya que echaba mucho de menos a su familia y su país. Además, descubrió que era muy difícil ser vegetariano en aquel momento en una sociedad como la británica y pasó hambre hasta que pudo descubrir algún restaurante en la ciudad que le permitiera comer de acuerdo con los preceptos hindúes.

Sin embargo, pronto su nostalgia por su familia y su tierra natal se vio apagada ante el deslumbramiento que sintió por el modo de vida europeo. Ya desde el momento en que pisó suelo británico, adoptó la vestimenta europea, vistiendo un traje de franela que había comprado en Bombay, y se esforzó en parecer un verdadero *gentleman* inglés. Además del gasto que suponía su estancia en un hotel de lujo, se hizo con un vestuario completo que incluía frac, botines de charol, guantes blancos, un bastón con puño de plata y sombrero de copa. Aprendió a comer con cubiertos, recibió clases de francés, de baile y de violín, se engominaba el pelo... Gastó en todo ello grandes cantidades de dinero durante los tres primeros meses que vivió en Londres.

Podemos suponer, por todo lo anterior, que el contraste con la cultura occidental que vivió en la metrópolis dominadora de su país le hizo sufrir una especie de crisis que le hizo sentirse avergonzado de sus orígenes y por eso deseaba imitar las costumbres europeas.

Vida de estudiante

Tras el despilfarro inicial, pronto recapacitó y fue consciente del esfuerzo que suponía para su familia darle estudios, así que buscó otro alojamiento más barato y se trasladó a una pensión en el número 20 de Baron's Court Road en la zona oeste de Londres, en Hammersmith, que solamente le costaba 30 chelines por semana.

Poco después, contrajo la tiña y un amigo de la familia, P. J. Metha, médico hindú, le convenció para que se alojara en su casa en Richmond, distrito situado al oeste de la ciudad, al sur del Támesis, durante su convalecencia. Una vez repuesto, se trasladó a una pensión situada en West Kensington, en la zona oeste de Londres pero pronto volvería a mudarse en busca de un alojamiento más barato. Encontró una pequeña habitación en Tavistock Street, situada en el Strand, cerca del Covent Garden, por la que pagaba 15 chelines semanales y desde la que podía ir andando a la universidad, ahorrando así el gasto en transporte. Se sintió tan culpable por los gastos iniciales que comenzó a ahorrar todo lo que podía, llegando a vivir con un chelín y tres peniques al día.

La carrera de Derecho en el Inner Temple no era demasiado difícil, pero Gandhi tuvo que estudiar con verdadero ahínco, ya que no dominaba perfectamente el inglés y tuvo que aprender también latín, dado que el examen de Derecho Romano se realizaba en esta lengua.

Lecturas religiosas

En las librerías londinenses encontró varios libros que influyeron notablemente en su pensamiento. Uno de ellos fue un libro sobre vegetarianismo *A plea for Vegetarianism* (Defensa del vegetarianismo), de H. S. Salt, un anarquista amigo de Bernard Shaw. En dicho libro, Salt defendía en términos racionales todo aquello que Gandhi había practicado desde niño en su familia. Después de esta lectura, el ser vegetariano dejó de ser para Gandhi una imposición de su religión y una promesa hecha a su madre para pasar a ser una cuestión de salud y una verdadera convicción. Así, pocos meses después de su llegada a Londres, conoció al propio Salt y se inscribió en la *London Vegetarian Society* (sociedad vegetariana londinense). Su participación en ella fue su primera experiencia de actividad pública, pero aún era tan tímido e inseguro que en las reuniones de la sociedad pedía a otros miembros que leyeran sus propuestas.

En su segundo año de estancia en Londres, conoció a varios teósofos, intelectuales interesados en las religiones orientales, las teorías de la reencarnación y el ocultismo. Precisamente fueron ellos quienes le iniciaron en la lectura del *Bhagavad Gita,* probablemente el más famoso de los textos sagrados hindúes, que se convertiría en uno de sus textos de cabecera. En lugar de leerlo en su lengua materna, leyó la traducción inglesa de Sir Edwin Arnold, no sería hasta su estancia en Sudáfrica cuando leería el original en sánscrito, del que haría posteriormente una traducción al gujarati. Es bastante revelador que no leyera este libro hasta llegar a Londres, por lo que podríamos deducir que fue allí donde comenzó a ser consciente de lo que significaba realmente ser hindú, cuando comenzó a serlo por convicción, más que por herencia cultural o familiar. Más tarde afirmaría que el pasaje que más le impresionó del libro sagrado fue éste: *Aquél que abandona todos sus deseos y se aparta del orgullo por sí mismo y por las posesiones alcanza la meta de la paz suprema.* Gandhi siempre se identificó con Arjuna, uno de los héroes mitológicos indios que aparecen en el *Bhagavad Gita.*

El *Manusmriti,* libro de preceptos religiosos escrito por un legislador hindú, fue otro de los textos que leyó en esta época. En él se dice: *Recuerda que el que es sincero y consecuente reconoce a todos los hombres como uno y paga el mal con bien sin perder la alegría.*

Pero sus lecturas no se limitaron a los libros sagrados del hinduismo. También se interesó por el budismo, la religión musulmana y el cristianismo. Leyó el Corán y la Biblia. De esta última, le desagradó el Antiguo Testamento, pero el Nuevo Testamento le causó una profunda conmoción, muy especialmente el Sermón de la Montaña:

> *Bienaventurados sean los pobres de espíritu, porque de ellos es el reino de los cielos. Bienaventurados los mansos, porque ellos poseerán la tierra. Bienaventurados los que lloran, porque ellos serán consolados. Bienaventurados los que tienen hambre y sed de justicia, porque ellos serán saciados. Bienaventurados los misericordiosos, porque ellos alcanzarán misericordia. Bienaventurados los limpios de corazón, porque ellos verán a Dios. Bienaventurados los pacíficos, porque ellos serán llamados hijos de Dios. Bienaventurados los que padecen persecución por la justicia, porque suyo es*

*el reino de los cielos. Bienaventurados sois cuando por
mi causa os vituperen y os persigan, y digan toda clase de
mal contra vosotros, mintiendo. Gozaos y alegraos, porque vuestro galardón es grande en los cielos; porque así
persiguieron a los profetas que fueron antes de vosotros.*

Todas estas lecturas religiosas hicieron que su pensamiento
intentara hallar el elemento común entre estas religiones, que encontró en el concepto de renuncia, presente en todas ellas. La ética cristiana le atrajo de tal manera que, durante un tiempo, se debatió entre
la fe cristiana y la hindú, pero finalmente se decantó por esta última,
que resultó enormemente fortificada de este proceso.

Durante su estancia en Gran Bretaña, Gandhi estableció muy
pocas relaciones, prácticamente sus únicos conocidos fueron sus
compañeros de universidad y de la sociedad vegetariana.

En 1890 Gandhi viajó a la capital francesa, donde estuvo una
semana y allí visitó la Exposición Universal, donde pudo admirar las
últimas maravillas del mundo moderno, entre las que se encontraba
la famosa torre erigida por Gustave Eiffel. Gandhi se admiró de que
una estructura de semejante tamaño pudiera mantenerse en pie.

Finalmente, el 10 de junio de 1891, a la edad de veintidós años,
Mohandas Gandhi terminó sus estudios de Derecho en el Inner Temple.
Al día siguiente se inscribió oficialmente en el Colegio de Abogados
y dos días después se embarcó de vuelta a su hogar, con la esperanza
de lograr el futuro profesional que su familia tenía preparado para él.

Regreso a la India

En el puerto de Bombay le recibió su hermano Laxmidas con
una mala noticia: su madre había fallecido pocas semanas antes,
pero no se lo habían comunicado para no apenarle en el viaje de
regreso. La noticia supuso un verdadero mazazo para Gandhi.

Laxmidas le aconsejó, mientras volvían a Porbandar, que se
bañase en el Ganges, río sagrado, con el fin de purificarse, y que
ofreciera un banquete a los mismos jefes de la comunidad que le
habían descastado cuatro años antes. Gandhi no estaba de acuerdo
con su hermano, pero siguió su consejo por respeto hacia su hermano y porque no quería provocarle ningún problema. Al haberle

A los siete años, cuando su familia se trasladó de Porbandar a Rajkot.

declarado descastado, ninguno de sus parientes (ni siquiera los de su familia política) podían recibirle en su casa, y Gandhi no quería causarles ningún tipo de inconveniente. Finalmente, los Modhs Banias se dividieron en dos facciones: los que le consideraron readmitido y los que no. Gandhi acató esta decisión sin guardarles ningún tipo de rencor. Era consciente de que había contravenido una ley de la casta y no consideraba injusto su castigo.

El estar fuera de la casta para un grupo de los banias no le causaría ningún problema en el futuro. Al contrario, muchos de ellos le apoyaron en su posterior lucha no-violenta.

Difícil adaptación

A su regreso a Rajkot se reencontró con su esposa y su hijo Harilal, que ya tenía casi cuatro años. Gandhi intentó *occidentalizar* a su familia: les enseñó a comer con cubiertos, introdujo en su dieta algunos productos ingleses e impuso en su familia los trajes parsis, que constaban de casaca y pantalón y resultaban más similares a la vestimenta europea. También intentó que Kasturbai aprendiera a leer y escribir, pero no lo logró y sólo consiguió grandes disputas con ella, provocadas también por los celos enfermizos que sentía y por el deseo carnal que continuaba atormentándole.

Estableció un programa de ejercicios físicos para los hijos de su hermano Laxmidas y para Harilal con el objetivo de convertirles en hombres resistentes y sanos. Él mismo se encargó de enseñarles, y pasaba mucho tiempo jugando con los niños y gastándoles bromas. Según confiesa en sus memorias, siempre le gustó la compañía de los más pequeños y pensaba que hubiera sido un buen maestro.

El sueño de su familia de que Gandhi llegara a ser *diwan* pronto desapareció. En primer lugar, la influencia de la familia Gandhi en la corte se había desvanecido tras la muerte de su padre y, además, las ciudades de Rajkot y Porbandar estaban ya llenas de abogados. No había sitio para un joven recién licenciado y sin experiencia. Por lo tanto, se vio obligado a trasladarse a Bombay con el fin de encontrar trabajo. Su principal problema a la hora de trabajar en su país fue que había estudiado las leyes británicas, no el derecho hindú ni el musulmán. Por eso, dedicó sus primeros seis meses en Bombay a estudiar las leyes indias.

El primer caso

Tras esos seis meses por fin llegó su primer caso; en él debía defender a un hombre llamado Mamibai. Era un caso sencillo que no debía durar más de un día; sin embargo, cuando llegó su turno para interrogar a uno de los testigos, no fue capaz de articular palabra y tuvo que retirarse dejando el caso en manos de otro abogado. Avergonzado, salió corriendo del juzgado antes de saber si su cliente había ganado o perdido.

Siguió intentando profundizar en las leyes indias y con este fin acudía a diario al Tribunal Supremo, pero, como confesaría él mismo años más tarde, allí no aprendió prácticamente nada y en más de una ocasión se quedó dormido. Gandhi era consciente de que no dominaba los conocimientos necesarios para ejercer como abogado en la India y esto le hacía sentirse realmente incómodo. Tras su primer fracaso y, al ver que pasaba el tiempo y no conseguía avanzar en sus conocimientos, intentó ganarse la vida como profesor de inglés, pero no consiguió que le aceptaran en ninguna escuela ni academia, ya que no poseía el título específico para la enseñanza de este idioma.

Poco después, un hombre cuyas tierras habían sido confiscadas recurrió a Gandhi para que le redactase un escrito en el que reclamaba dichas tierras. Nuestro protagonista descubrió así un modo sencillo de ganar unas pocas rupias sin tener que enfrentarse a un tribunal, pero no obtenía el dinero suficiente para sufragar sus gastos en Bombay. Así, a los seis meses de su llegada a esta ciudad, decidió regresar a Rajkot para no causar a su familia más gastos, ya que éstos habían aumentado alarmantemente desde su regreso de Inglaterra.

De este modo, comenzó a ganarse la vida en Rajkot como escribiente, redactando escritos legales para la gente que no sabía leer ni escribir. Era su hermano quien le proporcionaba los clientes, ya que trabajaba como secretario y consejero del Heredero del Trono de Porbandar.

Primera decepción

Pronto Gandhi sufriría una gran decepción que haría cambiar el curso de su vida, según sus propias palabras. Descubriría que su

35

condición de indio le haría estar continuamente sometido a los intereses británicos, algo que él no estaba dispuesto a hacer, y eso le impulsó a consolidar sus ideales.

Su hermano Laxmidas fue acusado de haber aconsejado de mala fe al Heredero y había caído en desgracia con el delegado político británico, el único que le podía ayudar en esta situación. Se daba el caso de que Gandhi había conocido en Inglaterra a dicho delegado, con el que había charlado amigablemente y del que guardaba un buen recuerdo. Por lo tanto, Laxmidas le pidió que hablara con él para recuperar su favor.

Mohandas, en un primer momento, se negó, ya que consideraba que si su hermano era inocente, la verdad se acabaría conociendo con el tiempo. Pero Laxmidas le hizo ver que en la corte de Porbandar sólo contaban las influencias y acabó convenciéndole. El encuentro con el delegado británico fue extremadamente desagradable, le recibió con frialdad, no dejó que Gandhi expusiera su caso y ordenó al bedel que le echara de su despacho. Después de este incidente las posibilidades, tanto de él como de su hermano Laxmidas, de medrar en las cortes de Porbandar o de Rajkot, se desvanecieron. Allí sólo había lugar para aduladores e intrigantes, y Gandhi no estaba dispuesto a ser uno de ellos.

Por esta razón, cuando en el año 1893 llegó una oferta de trabajo fuera del país, no lo dudó. Esta decisión haría cambiar su vida: la empresa musulmana Dada Abdullah & Co. le ofreció trabajar para ellos durante un año como representante legal en la sede de la empresa en Durban, Sudáfrica. Le ofrecieron un sueldo de 105 libras anuales más los gastos de manutención y viajes. Pero debía separarse de nuevo de su familia justo cuando Kasturbai acababa de dar a luz a su segundo hijo, Manilal. Le apenaba enormemente dejarles allí, sobre todo porque sentía que el amor por su mujer se iba volviendo cada vez más puro, pero su carrera no tenía futuro en la India y no quería seguir siendo una carga económica para su hermano.

Se embarcó con rumbo a Sudáfrica en abril de 1893. Durante el viaje sufrió ciertos percances; de hecho estuvo a punto de no poder embarcar, ya que el Gobernador General de Mozambique viajaba en el mismo barco y todos los camarotes habían sido reservados por su séquito. Finalmente el agente comercial de la compañía le pudo conseguir un camarote. Se hizo muy amigo del capitán del barco, que le enseñó a jugar al ajedrez y con el que compartió muchas partidas. No obstante, esta amistad le haría vivir una situación muy desagradable para él.

El barco hizo una escala de una semana en el puerto de Zanzíbar, y una noche el capitán invitó a Gandhi y a otro amigo inglés a hacer una «excursión». Gandhi, en su total ignorancia de aquellos asuntos, no tenía la menor idea de lo que podía significar aquello y les acompañó. Se dirigieron a un barrio habitado por mujeres negras y entraron en un prostíbulo. Gandhi permaneció allí de pie completamente avergonzado, pero finalmente agradeció a Dios el haberle sometido a aquella prueba de la que se enorgullecía de haber salido sin haber pecado.

III.   SUDÁFRICA

Sudáfrica (o África del Sur, denominación que recibía a finales del siglo XIX), estaba dividida en cuatro colonias: Natal, El Cabo (las dos bajo dominio británico desde mediados de siglo) y el Transvaal y Orange, repúblicas de los boers, descendientes de los primeros colonos holandeses que incluso hablaban su propia lengua, el afrikans. En 1899 estallaría una guerra entre británicos y boers, de la que hablaremos más adelante y que resultaría en la anexión al Imperio Británico en 1902 de las repúblicas del Transvaal y Orange, si bien, aunque formaban parte del Imperio, siguieron gozando de cierta autonomía.

En un primer momento los británicos actuaron en Sudáfrica a través de compañías comerciales pero, a partir de 1880, su dominio pasó a ser gubernamental y, por tanto, más directo y consolidado.

Las injusticias sociales eran patentes en África del Sur: la población nativa estaba sometida al poder de un reducido grupo de colonos blancos que explotaban los recursos de su tierra (además de las minas de diamantes y oro, descubiertas hacia 1869) utilizando la barata mano de obra local. En 1890 había unos dos millones de africanos, gobernados por unos setecientos cincuenta mil europeos en toda Sudáfrica. La población india era una minoría, simplemente unos setenta y cinco mil, menos del 3 por ciento de la población total de África del Sur. Los europeos habían recurrido a los indios (principalmente musulmanes, hindúes y sijs procedentes del Gujarat y el Punjab) porque su rendimiento en las plantaciones de caña de azúcar era mayor que el de los nativos zulúes. Su situación era en realidad peor que la de los propios negros nativos sometidos, ya que al menos sobre ellos no pesaba la amenaza de la deportación.

Los primeros trabajadores procedentes de la India habían llegado a Natal poco después de 1860. Trabajaban allí en régimen de semiesclavitud durante cinco años, al término de los cuales tenían la posibilidad de convertirse en hombres libres, aunque sus derechos como ciudadanos eran muy limitados y cada vez se verían más recortados, como veremos más adelante. Los indios recibían en Sudáfrica el nombre despectivo de «Sammys», corrupción de la palabra tamil «swami», que significa *amo,* o «coolies», palabra que en la India significa *porteador* o *trabajador manual,* pero que en Sudáfrica tenía una connotación especialmente despectiva que designaba a cualquier indio, independientemente del trabajo que realizara. Gandhi asimila lo que un *coolie* significaba para los europeos con lo que representaban los intocables con respecto a los hindúes.

Llegada a Durban

La ciudad de Durban, en la que estaba la sede de Dada Abdullah & Co., estaba en la región de Natal. A la llegada de Gandhi al puerto de Durban le estaba esperando Sheth Abdullah, hermano del dueño de la empresa que le había contratado y con el que más adelante tendría ocasión de discutir largo y tendido sobre la religión islámica. Ya en el puerto de Natal, Gandhi tuvo la oportunidad de observar cómo eran tratados allí los indios e incluso la manera en que le miraban a él, ya que su atuendo occidental y su tocado (un turbante de estilo bengalí) no eran habituales entre los indios.

Cuando Gandhi llegó a Durban, en mayo de 1893, tenía veintitrés años. Fue en África del Sur, a miles de kilómetros de su tierra natal, donde fue consciente por primera vez de las injusticias que sufrían sus compatriotas a causa de su raza y su religión. Pocos años antes de su llegada a Sudáfrica había entrado en vigor una ley en Orange que prohibía a los indios el ejercicio de cualquier profesión que no fuera servil, lo que obligó a los mercaderes a salir de dicho estado. En Traansval, los indios debían pagar un depósito de tres libras al entrar al país y no podían poseer tierras. En ninguna de las dos regiones anteriormente mencionadas tenían derecho a voto y en ciudades como Pretoria se había impuesto un toque de queda para los indios a partir de las nueve de la noche. En Natal gozaban de los mismos derechos políticos que los ciudadanos británicos, pero pronto estos derechos se verían recortados e incluso se hablaba ya de deportarles a la India. Resumiendo, eran tratados prácticamente como delincuentes por el simple hecho de no ser blancos y cristianos. Mohandas Gandhi sufrió en primera persona esta discriminación al poco de llegar a Sudáfrica. La primera vez que compareció ante el Tribunal de Durban vestía levita y turbante negro. El juez le ordenó que se quitase el turbante, a lo que Gandhi se negó, por lo que tuvo que abandonar la sala. Más tarde escribió una carta a los periódicos explicando lo que había sucedido. A la población india le sorprendió la ingenuidad del joven abogado que, evidentemente, aún no conocía la verdadera situación de su comunidad en Sudáfrica.

Expulsado del tren

No mucho tiempo después tuvo lugar un incidente que marcaría un antes y un después en la vida de Mohandas Gandhi. Debía asistir a un juicio contra los deudores de su empresa en Pretoria (situada entonces en la región del Transvaal). Mohandas realizó el viaje en tren desde Durban, en primera clase. Hacia la mitad del trayecto, un hombre blanco se quejó indignado al revisor al comprobar que en su mismo compartimento había un hombre de color. El revisor pidió a Gandhi que continuara el viaje en el vagón de equipajes, ante lo que él respondió que tenía un billete de primera clase y continuaría su viaje en el vagón en el que estaba. El revisor regresó poco después con un policía y le expulsaron violentamente del tren en Maritzburg, capital de la región de Natal. Era una noche invernal y, en la zona en la que está situada Maritzburg, el frío puede llegar a ser muy intenso. Gandhi tuvo que esperar en la fría estación varias horas, hasta que llegó el próximo tren, sin abrigo, ya que éste estaba en su maleta, de la que se habían hecho cargo las autoridades ferroviarias. No se atrevió a pedirla por temor a que le volvieran a humillar.

Aquella noche fue decisiva. Se había sentido tan herido en su orgullo que consideró incluso la posibilidad de regresar a la India. Finalmente tomó la valiente decisión de permanecer en Sudáfrica y luchar por la abolición de todo prejuicio racial o xenófobo.

Al día siguiente, desde Maritzburg, envió un telegrama al director de la compañía de ferrocarriles de Natal y otro a Abdullah

Sheth, quejándose por el trato recibido. Sheth se puso en contacto con el director de la compañía de ferrocarriles, quien justificó la conducta de sus empleados pero, a pesar de todo, aseguró a Gandhi que llegaría a su destino. Sheth también se puso en contacto con los mercaderes indios de la ciudad, que acudieron a la estación para hacer compañía a Gandhi y para dejar constancia de que su caso era algo que sucedía habitualmente.

Esa misma noche tomó un tren hasta Charlestown y desde allí viajó en diligencia hasta Johannesburgo. De nuevo tuvo problemas en la diligencia, ya que querían que viajase junto al conductor en lugar de en el interior del carruaje, junto a los viajeros blancos. Gandhi aceptó, ya que sabía que si se negaba sólo conseguiría retrasar su llegada a Pretoria un día más. Pero a mitad de camino el encargado de la diligencia le pidió que se sentara a los pies del conductor, en una esterilla sucia, ya que quería continuar el viaje al aire libre para poder fumar. Ante esta nueva afrenta Gandhi se negó a acceder a semejante petición y le respondió que si el encargado quería ocupar su sitio, él ocuparía el que dejaba libre en el interior del carruaje. El encargado intentó echarle a golpes de la diligencia y no cesó hasta que intervinieron los pasajeros. A pesar de todo, Gandhi en ningún momento pudo sentarse con los viajeros blancos y continuó su viaje junto al cochero.

Cuando llegó a Johannesburgo, intentó pasar la noche en un hotel, pero no le admitieron en ninguno. Finalmente pasó la noche en casa de un amigo de Sheth Abdullah, quien se rió ante la ingenuidad de su huésped y le avisó de que si sus intenciones eran continuar su viaje hasta Pretoria en primera clase, tendría problemas. Al día siguiente consiguió un billete de primera clase gracias a la complicidad del taquillero, pero, una vez en el tren, se repitió el primer incidente: un revisor intentó echarle del vagón de primera clase. Gracias a la intervención de un pasajero inglés que viajaba en el mismo compartimento le permitieron quedarse allí.

Primeros actos políticos

Una vez llegó a Pretoria, tuvo también dificultades para encontrar un lugar en el que alojarse. En ningún hotel ni casa de huéspedes aceptaban a clientes de color y era necesario recurrir a amistades y conocidos para encontrar algún lugar en el que indios y negros pudieran alojarse.

Estas humillaciones resultaron fundamentales en la vida de Mohandas Gandhi. Tras vivir en carne propia las injusticias y los prejuicios raciales, comenzó a interesarse por las condiciones en las que vivían sus compatriotas en Sudáfrica. De este modo llegó a la conclusión de que su discriminación no se debía únicamente a su color de piel y su religión, sino que los mercaderes indios suponían una amenaza real para la supremacía económica de los colonizadores europeos.

Así, una semana después de su llegada a Pretoria, Gandhi dejó a un lado su gran timidez, convocó a todos los indios que vivían allí y organizó una charla en la casa del representante de Dada Abdullah & Co. en esa ciudad. Allí pronunció el primer discurso de su vida, que comenzó hablando de la honestidad en los negocios (debemos tener en cuenta que la mayor parte de los indios de Pretoria eran comerciantes). También trató el tema, recurrente durante toda su vida, de las condiciones higiénicas en las que su pueblo vivía, y puso mucho énfasis en la convivencia pacífica entre los indios de distintas religiones.

Por último, reivindicó el derecho de los indios a ser tratados como ciudadanos del Imperio Británico. Pero no fue éste un discurso beligerante, al contrario, animó a sus compatriotas a aprender correctamente el inglés y olvidar sus diferencias con los británicos, para poder integrarse verdaderamente en su sociedad. El propio Gandhi se ofreció como profesor de inglés. Durante el tiempo que estuvo en Sudáfrica, este tipo de reuniones se repetirían con cierta asiduidad, y en ellas se debatían los temas que más apremiaban a sus compatriotas. Estos encuentros le hicieron conocer, en poco tiempo, a todos y cada uno de los indios que vivían en Pretoria. Su primera victoria llegó en otoño de ese mismo año 1893, cuando consiguió que los ciudadanos indios pudieran viajar en primera o segunda clase en los ferrocarriles sudafricanos. Sin embargo, fue una victoria parcial, ya que sólo admitirían en dichas clases a aquéllos que fueran vestidos «correctamente» y, además, esta corrección en el vestir era algo que quedaba al juicio del jefe de cada estación.

Mohandas Gandhi disfrutaba de una posición privilegiada como indio en Sudáfrica: era un abogado bien remunerado que trabajaba para una empresa importante, y trataba con otros abogados blancos de igual a igual. No obstante, en lo que concierne a la vida diaria y los derechos básicos, éstos estaban tan restringidos para él como para cualquier otro indio o negro en Sudáfrica. Era una mera cuestión de raza, no de posición social ni estatus económico. De hecho, en sus paseos por Pretoria, que en ocasiones se extendían hasta después de las nueve de la noche, Gandhi tenía que llevar siempre en el bolsillo una carta de un abogado blanco en la que se le autorizaba a moverse libremente a cualquier hora.

Los indios y negros también tenían prohibido el uso de los caminos públicos en ciudades como Pretoria. En cierta ocasión, Gandhi caminaba por uno de ellos en President Street y, al pasar por la residencia oficial del Presidente Kruger, uno de los policías que montaban guardia junto a ella se abalanzó sobre él sin previo aviso y le golpeó hasta que el joven abogado se desmayó. Un amigo le aconsejó denunciar al policía, pero Gandhi se negó: había decidido que no emprendería ninguna acción legal por afrentas personales.

Inquietudes religiosas

Leyendo las memorias de Gandhi, se descubre que en este momento aún se estaba buscando a sí mismo, sobre todo en el terreno religioso. Probablemente por esta razón le influyeron tanto los acontecimientos vividos en estos años. Como dijo a su llegada a uno de los abogados con los que trabajaría en Pretoria: *Soy hindú de nacimiento. Pero aún no sé gran cosa sobre el hinduismo, y mucho menos sobre otras religiones. De hecho, no sé en qué lugar estoy ni cuáles deberían ser mis creencias. Tengo la intención de emprender un estudio detallado de mi religión y, según mis posibilidades, también de otras religiones.*

En Pretoria se relacionó con un grupo de cristianos que se reunían a diario para rezar y, una vez a la semana, los domingos, para compartir sus experiencias en la fe. Leía los libros sobre cristianismo que le recomendaban y los comentaba semanalmente con Mr. Coates, uno de los miembros del grupo. Sin embargo, y a pesar de los esfuerzos de Coates por convertirle al cristianismo, la mayor parte de dichos libros no provocaron ningún efecto en

44

El brahmán Mavji Dave recomendó a su madre que enviaran al joven Gandhi a Inglaterra a estudiar.

Gandhi y le hicieron valorar mucho más su propia religión. En una ocasión, un cristiano le dijo que la grandeza de la fe cristiana residía en reconocer que todos éramos pecadores y que sólo a través de la aceptación de que Jesucristo redimió con su muerte nuestros pecados podríamos encontrar la paz. La respuesta de Gandhi resume perfectamente su postura, típicamente hindú, con respecto al cristianismo: *No busco la redención por las consecuencias de mis pecados. Lo que busco es ser redimido del pecado mismo, o más bien del pensamiento de pecar. Hasta que no haya logrado esta meta, me conformaré con vivir en la aflicción.* Además, Gandhi no estaba dispuesto a aceptar que sólo Jesucristo era hijo de Dios. Para él todos y cada uno de nosotros éramos hijos de Dios. No obstante, su reafirmación en sus creencias hindúes no impidió que tuviera la suficiente lucidez como para no ver los defectos de su propia religión: la división en castas y la existencia de los intocables eran, para él, parte de la degradación del hinduismo.

Todas estas reflexiones religiosas le llevaron a profundizar más en la esencia del cristianismo, del Islam y de su propia religión hindú. Comenzó a leer una traducción al inglés del Corán y un amigo cristiano que vivía en Inglaterra, Edward Maitland, le enviaba periódicamente diversos libros sobre cristianismo, más críticos y profundos que los que le había proporcionado Coates. Uno de estos libros fue *El reino de Dios está dentro de ti*, de León Tolstoi, obra que le causó una gran impresión, como explicaría en sus memorias, por sus *ideas independientes, profunda moralidad y veracidad.*

Más adelante volveremos a hablar de Tolstoi, en cuya obra Gandhi descubrió poderosos argumentos para emprender su lucha no-violenta.

Primeros éxitos laborales

A pesar del incidente del tren, Gandhi no descuidó el caso que le había llevado hasta Pretoria y, tras estudiarlo minuciosamente, logró la solución más justa no sólo para la empresa que representaba, sino también para la que le adeudaba la cantidad de 40.000 libras. La empresa acreedora pagaría su deuda a plazos y de esta manera, además de asegurar a Dada Abdullah & Co. el pago, se evitaba la bancarrota de la empresa deudora y la amenaza de un larguísimo litigio. Gandhi, como explicaría más tarde en sus memorias, comprendió desde el primer momento que la labor de un abogado consistía simplemente en poner de acuerdo a ambas partes. Asimismo, aprendió que la ley debe atenerse a los hechos, ya que en los hechos está contenida la verdad y una vez que la verdad está clara, según sus propias palabras, *la ley acude en su ayuda*. Fue en Sudáfrica donde aprendió realmente la práctica legal y donde adquirió la suficiente confianza en sí mismo para ejercerla.

En todos sus años de práctica de abogado, contrariamente a los dudosos métodos de algunos colegas, siempre luchó por ceñirse a la verdad y no aceptó ningún caso que considerase falso. De hecho llegó incluso a rechazar clientes una vez comenzado el juicio si descubría que éste estaba sustentado en bases falsas. Esta coherencia le causó algún que otro inconveniente, pero finalmente su experiencia resultaría positiva, ya que le reafirmó en su fe en el poder de la verdad.

En abril de 1894, una vez finalizado el caso que le había llevado a Sudáfrica, Gandhi se dispuso a abandonar Pretoria para regresar a Durban. De allí partiría en poco tiempo hacia Bombay. Sheth, el hermano de Dada Abdullah, no quiso que se marchara de Pretoria sin homenajearle de alguna manera y así, organizó una fiesta de despedida en su honor. Pero la casualidad quiso que en la fiesta Gandhi hojeara uno de los periódicos del día en el que aparecía la noticia de que la Asamblea Legislativa de Natal tenía previsto aprobar una ley según la cual los indios perderían el derecho al voto. Ninguno de los asistentes tenía conocimiento de dicha ley, que Gandhi calificó como *el primer clavo de nuestro ataúd*. Una vez conocida la noticia, los allí presentes le rogaron que aplazara un mes su regreso a Durban para ayudarles a luchar por su derecho al voto. Gandhi aceptó el reto, negándose a recibir ningún tipo de sueldo por este trabajo, aunque sí pidió colaboradores y un fondo para emprender el trabajo.

De esta manera, lo que iba a ser una fiesta de despedida se convirtió en la constitución de un equipo de trabajo que emprendería una lucha que Gandhi llevaría hasta sus últimas consecuencias.

Comienza la lucha

La ley que prohibía el derecho al voto para los indios estaba a punto de ser aprobada y Gandhi no tardó en movilizarse. Convocó una reunión a la que acudieron indios de todas las regiones y religiones, unidos por primera vez en una causa común, y en ella se decidió enviar telegramas a varios políticos de Natal con el fin de posponer la fecha de la aprobación de la ley. De esta manera consiguieron que se retrasara dos días la decisión. En este plazo se organizaron y dieron publicidad a la lucha por sus derechos. Sin embargo, a pesar de todo, la ley fue finalmente aprobada. Sabían de antemano que era una batalla perdida, pero al menos habían creado una conciencia de comunidad dispuesta a luchar por sus derechos.

En las dos semanas siguientes, consiguieron diez mil firmas destinadas a presentar una petición al gobierno de Natal, en la que se solicitaba la restitución del derecho de voto para los indios. Tal número de firmas pudo conseguirse gracias a la colaboración de numerosos voluntarios, que sufragaron de su propio bolsillo los gastos derivados de semejante movilización.

Algunos periódicos de la India apoyaron las reivindicaciones de Gandhi, e incluso el diario *The Times* de Londres se hizo eco de ellas y expresó explícitamente su apoyo. Una vez entregado a la causa de la defensa de los derechos de sus compatriotas, el joven abogado indio se dio cuenta de que, al menos de momento, no podría abandonar Natal. De hecho, su estancia en Sudáfrica se alargaría bastante más de lo previsto (acabaría quedándose varios años más), por lo tanto decidió inscribirse en el Colegio de Abogados de Natal, donde volvió a encontrar los mismos prejuicios raciales por los que estaba luchando, ya que en un principio no le permitieron inscribirse por tratarse de un abogado de color. Finalmente llevó su caso a los tribunales y ganó su derecho a inscribirse como abogado, aunque para ejercer fue obligado a desprenderse del turbante que solía llevar. Solicitó a la comunidad india que le garantizase trabajo como abogado para poder sufragar sus propios gastos, ya que no quería depender de nadie allí y tampoco estaba dispuesto a aceptar dinero a cambio de su trabajo en defensa de la comunidad. De esta manera, se estableció en una casa en un barrio residencial de Natal, ya que consideraba que debía vivir de la misma forma en que vivían el resto de los abogados allí.

Creación del Congreso Indio de Natal

Pronto Gandhi llegó a la conclusión de que era necesario constituir algún tipo de organización pública desde la que poder ejercer la lucha por los derechos civiles. De esta manera, el 22 de mayo de 1894 se fundó el Congreso Indio de Natal, del que Gandhi era el secretario. Los fondos necesarios para el mantenimiento del Congreso fueron aportados por la comunidad india de Sudáfrica y el propio Gandhi veló siempre porque los gastos fueran los mínimos y las cuentas estuvieran totalmente claras. Uno de los objetivos del Congreso era dar a conocer en la India y en Gran Bretaña la situación de los indios en Sudáfrica. Con este fin Gandhi publicó dos manifiestos: *Llamamiento a todos los británicos de Sudáfrica* y *Llamamiento por el derecho del voto indio*, en los que presentaba pruebas de la situación en la que vivían los indios en la colonia y dejaba patentes las aspiraciones del Congreso Indio de Natal. De esta manera consiguió que sus reivindicaciones tuvieran una amplia repercusión y su causa fuera seriamente tomada en cuenta, sobre todo en la India.

Durante el tiempo que estuvo en Sudáfrica, Gandhi se convirtió en un importante abogado conocido por su defensa de los derechos de los indios. Por esta razón acudió a él Balasundaram, trabajador indio de una plantación de azúcar. Este trabajador acudió a Gandhi llorando, con la ropa hecha harapos, la boca sangrando y dos dientes rotos. Había sido golpeado por su amo, un europeo bastante conocido en Natal, y quería denunciarlo con la ayuda de Gandhi. Éste acudió a un médico para que certificara oficialmente las heridas de Balasundaram. Con este documento y, conocedor de la situación real de los trabajadores indios en Sudáfrica, Gandhi no pretendía lograr ningún tipo de castigo para el amo, sino que simplemente solicitaba que rescindiese el contrato a Balasundaram para poder así ser transferido a otro patrono. Según las leyes contractuales sudafricanas, si un trabajador indio abandonaba su puesto de trabajo podía ser juzgado y encarcelado, y esto era lo que quería evitar a toda costa. El propio Gandhi encontró un nuevo patrono para el trabajador y finalmente el juez declaró culpable al amo que había golpeado a Balasundaram.

Este caso tuvo una gran repercusión entre los trabajadores menos cualificados. Se habló de él incluso en la India. Según el propio Gandhi: *No había nada extraordinario en este caso, pero el hecho de que hubiera alguien en Natal que apoyara su causa y trabajara públicamente para ellos supuso para los trabajadores una grata sorpresa y les infundió esperanza.*

En este mismo año, el gobierno de Natal aprobó una nueva ley discriminatoria según la cual los trabajadores indios que quisieran establecerse en el país deberían pagar 25 libras anuales, lo que suponía entonces una enorme cantidad de dinero. Este impuesto afectaba a todo hombre indio mayor de dieciséis años y a las mujeres mayores de trece años y, teniendo en cuenta que el salario medio de un trabajador era de unas ocho o nueve libras al año, podemos suponer lo gravoso del impuesto para cualquier familia con hijos. De no satisfacer dicha cantidad, serían deportados.

La razón de ser de este impuesto era que muchos de los indios, una vez obtenido el estatus de hombres libres tras sus cinco años de trabajo para los colonos europeos, habían comprado sus propias tierras, en las que habían introducido diversas especies vegetales autóctonas de la India. Otro grupo importante de estos indios se habían establecido como comerciantes hasta el punto de suponer una verdadera competencia para los comerciantes blancos.

Al conocer la noticia, el Congreso de Natal presentó una queja al virrey de la India, Lord Elgin, solicitando que se derogara dicho impuesto. No lo lograron, sin embargo, sí consiguieron que se rebajara la cantidad a tres libras, cantidad equivalente a casi seis meses de un salario medio. Pasarían aún veinte años hasta que se derogara el impuesto, y sólo se consiguió tras muchos años de lucha y sacrificio por parte de los indios de Sudáfrica.

A pesar del poco tiempo de que Gandhi disponía en Natal, debido a su trabajo como abogado y a su labor en el Congreso, continuó con su formación religiosa en esta época y leyó varios libros sobre cristianismo gracias a algunas de las familias cristianas que conoció allí. También leyó *La vida de Mahoma y sus sucesores,* de Washington Irving, y se interesó por las enseñanzas de Zaratustra. En cuanto al hinduismo, leyó una traducción inglesa de los *Upanishads,* publicada por la Sociedad Teosófica y la obra *La luz de Asia,* de Sir Edwin Arnold, y comenzó a practicar yoga, con el fin de dominar la mente y alcanzar ciertos estados psíquicos a través del control del cuerpo. Sin embargo, no tenía ningún maestro en Durban al que recurrir, y los libros que pudo leer sobre yoga no eran suficientes para lograr una buena práctica de la disciplina. Decidió que a su regreso a la India profundizaría en las prácticas yóguicas, sin embargo, sus numerosos compromisos le impidieron hacerlo.

Breve estancia en la India

Por aquel entonces, Gandhi había prolongado ya su estancia en Sudáfrica durante tres años, dos más de lo previsto inicialmente, y, al verse tan implicado en la lucha por los derechos de los indios en Sudáfrica, decidió regresar a la India para traer consigo a su mujer y sus hijos. Sabía que su trabajo en Natal continuaría durante varios años más y deseaba aprovechar la oportunidad que le brindaba su viaje a la India para dar a conocer allí la situación de los indios en Sudáfrica. Solicitó un permiso de seis meses para regresar a su patria y pronto se embarcó rumbo a Calcuta.

El viaje en barco duraba casi un mes, y Gandhi aprovechó ese tiempo para aprender la lengua tamil, gracias a un libro que le proporcionó el médico de a bordo. Uno de los pasajeros le prestó un libro de urdu, idioma con el que hizo también grandes progresos, a pesar de su dificultad. Gandhi conocía la importancia de aprender estas lenguas si quería realmente ser de utilidad para sus compatriotas; su intención era tener un contacto directo con ellos, y una primera forma de acercamiento era hablar su propia lengua. Profundizaría más en el conocimiento de ambos idiomas más adelante, durante sus estancias en la cárcel.

Desembarcó en Calcuta y a continuación se dirigió hacia Rajkot. Allí paso las siguientes semanas escribiendo un pequeño libro sobre las injustas condiciones en las que vivían los trabajadores indios en Sudáfrica. Este libro sería conocido como el *Libro Verde,* debido al color de sus tapas. Gandhi intentó ser lo más moderado posible en su exposición de la situación de sus compatriotas, ya que su propósito no era exaltar los ánimos. Se editaron diez mil ejemplares del libro, que fueron enviados a periódicos y personalidades de toda la India. Antes de su regreso a Sudáfrica se realizaría una segunda edición. Gandhi contó con la ayuda de prácticamente todos los niños de Rakjot, que se presentaron voluntarios para empaquetar los ejemplares de la obra.

El *Libro verde* tuvo una gran repercusión en toda la India. Un resumen fue telegrafiado a Inglaterra y, de este resumen se hizo otro de no más de tres líneas que, a su vez, fue telegrafiado a Natal. La versión que llegó a Sudáfrica fue totalmente distorsionada y no se correspondía con las moderadas palabras de Gandhi. Este hecho fue determinante para la violencia que se desataría al regreso de Mohandas a Sudáfrica, como veremos más adelante.

En aquel momento una epidemia de peste asolaba Bombay y se temía que pudiera extenderse a Rajkot. Rápidamente Gandhi se ofreció como voluntario al departamento de sanidad: colaboró sugiriendo el establecimiento de ciertas medidas higiénicas, así como inspeccionando las letrinas de todas las calles y el interior de las casas, incluso las de los intocables. Para su sorpresa y la de todos los inspectores, descubrieron que las condiciones higiénicas eran mucho mejores en las casas más pobres que en las ricas.

Tras estas labores de voluntariado, se entrevistó con varios líderes políticos para discutir la situación de los ciudadanos indios en Sudáfrica. Entre dichos líderes se encontraban Sir Pherozeshah Mehta (también conocido como el «león de Bombay» o el «rey no coronado», uno de los creadores del Congreso Nacional Indio), Bal Gandhadhar Tilak y Gopal Krishna Gokhale. El Congreso Nacional, también conocido más tarde como Partido del Congreso, había nacido como organización política en el año 1885. En un principio su objetivo era simplemente obtener mayor participación en el gobierno de la India para las clases más altas de entre los indios. Con el paso de los años, sus posturas se fueron extremando hasta tener como objetivo la independencia del país.

Tilak y Gokhale eran los dos líderes rivales del Congreso Nacional Indio y partidarios de la independencia, aunque cada uno desde puntos de vista muy diferentes. Gokhale, que convertiría a Gandhi en su protegido, era moderado y su liberalismo procedía de la tradición hindú y el pensamiento liberal occidental. Era un defensor de la educación a todos los niveles y había fundado incluso una sociedad dedicada a la promoción social de los más desfavorecidos. Tilak era un extremista dispuesto a lograr la independencia a cualquier precio. Aunque no defendía explícitamente los métodos terroristas, era sabido que algunos de sus discípulos los practicaban con su consentimiento. Gandhi estaba mucho más cerca, evidentemente, de las teorías políticas de Gokhale, pero respetaba a Tilak por su inteligencia y entrega.

Además de entrevistarse con dichos líderes, Gandhi escribió artículos en varios periódicos y pronunció varios discursos sobre el mismo tema en las ciudades de Bombay, Puna (situada al suroeste de Bombay), Madrás y Calcuta. No dudó en recurrir a todos sus amigos y conocidos con el fin de buscar apoyo para la causa de los indios de Sudáfrica. Sin embargo, el recrudecimiento de su situación hizo que su presencia allí fuera de nuevo necesaria en el país africano, de modo que en el mes de diciembre regresó a Natal, esta vez junto a su esposa Kasturbai, sus dos hijos de nueve y cinco años y un sobrino de diez años llamado Mangalal, hijo de su hermana, que había quedado viuda. Gandhi se ocuparía de él como si fuera su propio hijo.

Difícil regreso a Natal

En el viaje de vuelta a Durban, Gandhi pasó el tiempo enseñando a su familia las costumbres de la sociedad en la que vivirían a partir de ahora. Ya había impuesto el uso de los cubiertos y el modo de vestir de los parsis en su familia, y también les hizo ponerse zapatos y calcetines, algo a lo que tardaron un cierto tiempo en adaptarse, ya que siempre habían caminado descalzos. Debemos tener en cuenta que Gandhi era un joven y brillante abogado que cobraba un sueldo bastante alto para la época y que vestía como un occidental, por lo tanto, en aquel momento le importaba bastante la imagen que pudiera dar su familia.

El 18 de diciembre el barco en el que Gandhi y su familia viajaban llegó al puerto de Durban. Según las leyes marítimas sudafricanas, cuando un barco llegaba a puerto debía izar una bandera amarilla hasta que un doctor examinara a los pasajeros. Si alguno de ellos padecía una enfermedad contagiosa, el barco permanecería un tiempo en cuarentena. De este modo, un doctor examinó a los pasajeros del buque y, basándose en la epidemia de peste que había en la India, ordenó una cuarentena de cinco días antes de que el pasaje pudiera desembarcar. Sin embargo, había más razones que las sanitarias para intentar evitar que Gandhi desembarcara en Durban.

La lucha de Mohandas Gandhi por los derechos de los ciudadanos indios en Sudáfrica se había hecho bastante conocida, sobre todo a través de las noticias que habían llegado allí sobre el *Libro verde*. Los ciudadanos blancos, al conocer que el promotor de dicha lucha había salido del país y quería volver, intentaron hacer todo lo posible para que el gobierno le negara la entrada. Gandhi tenía noticias de todo esto gracias a Dada Abdullah, a quien los blancos habían incluso intentado sobornar para evitar su regreso. Al no conseguir nada por estos medios, aprovecharon la epidemia de peste de la India para intentar retrasar la entrada de Gandhi en el país e hicieron llegar varias amenazas a todos los pasajeros del barco. La cuarentena se alargó y nadie sabía cuando terminaría.

Finalmente, tras veintitrés días de cuarentena en el puerto, el 13 de enero de 1897 se permitió a los pasajeros desembarcar en el puerto de Durban. El fiscal general de Natal, Mr. Escombe, aconsejó al capitán que Gandhi y su familia desembarcaran de noche, escoltados por el comisario de policía del puerto. Sin embargo, el abogado indio se negó a bajar a tierra furtivamente y se dispuso a desembarcar de inmediato. En primer lugar, se aseguró de que su mujer, sus dos hijos y su sobrino fueran conducidos a un lugar seguro, y a continuación, bajó a pie del barco, acompañado por Mr. Laughton, un inglés que trabajaba como asesor jurídico para Dada Abdullah. La gente comenzó a reconocerle y a gritar su nombre, se empezó a agolpar una gran multitud que le separó de su acompañante y comenzaron a golpearle y a lanzarle piedras y huevos podridos. Le insultaron, le quitaron el turbante y le dieron puñetazos y patadas hasta que estuvo a punto de desmayarse. Casualmente, pasó por allí la esposa del comisario de policía, que conocía a Gandhi y, haciendo gala de un gran valor, pudo apaciguar a la multitud interponiéndose entre ellos y el linchado. Un indio corrió a avisar al comisario Alexander, quien se apresuró a enviar un grupo de policías para proteger y escoltar a Mohandas Gandhi hasta la comisaría. Alexander le aconsejó que se refugiara allí durante unos días, hasta que la muchedumbre se calmara, pero él declinó la oferta, aunque sí aceptó ser escoltado hasta la casa de un indio llamado Rustomji, donde estaba ya su familia. Allí acudió un doctor para tratar los numerosos golpes que había recibido.

Gandhi terminó por adorar a su esposa Kasturbai, con quien le casaron cuando sólo tenía trece años.

La influencia de Gandhi en la vida política y social sudafricana era ya enorme, hasta el punto de haberse creado tan feroces enemigos.

Al conocerse el paradero de Gandhi, pronto se formó una multitud que rodeó la casa de Rustomji. El comisario acudió allí para intentar calmarles, pero la situación era muy difícil y existía el peligro de que quemaran la casa. Alexander envió un mensaje a Gandhi en el que le decía que si quería proteger la propiedad de su amigo y a su familia, debía escapar de la casa disfrazado. A pesar de sus dudas sobre la rectitud de dicha acción, finalmente accedió. Se disfrazó de policía indio, salió de la casa por la puerta trasera junto a dos detectives y así consiguió llegar a la misma comisaría donde poco antes había rehusado refugiarse. Allí permaneció tres días. En cuanto el comisario Alexander supo que Gandhi estaba a salvo, anunció a la multitud que éste había conseguido escapar. No le creyeron y el comisario accedió a dejar entrar a dos personas para registrar la casa. Tras comprobar que Gandhi no se encontraba allí, la multitud se convenció y finalmente se dispersó.

Joseph Chamberlain, que más tarde sería Primer Ministro británico y entonces era Secretario de Estado para las colonias, ordenó desde Londres que se detuviera a los asaltantes de Gandhi. Siguiendo sus órdenes, Escombe pidió disculpas personalmente al abogado indio y le pidió que identificara a sus agresores para proceder a su arresto, pero Gandhi mostró por primera vez en público su generosidad negándose a denunciar a quienes habían intentado lincharle. Estaba convencido de que estaban engañados por las noticias distorsionadas que habían llegado allí desde la India. Según sus propias palabras: *Estoy seguro de que cuando se conozca la verdad, quienes me agredieron lamentarán su conducta*. Varios periodistas le entrevistaron en esos días y él tuvo así la ocasión de dar a conocer su verdadera opinión. Ante tales declaraciones y el insólito hecho de que no tuviera ningún deseo de venganza, los periódicos no dudaron en proclamar su inocencia y en condenar el intento de linchamiento.

A pesar del enorme prestigio que estos hechos otorgaron al abogado indio, y de que finalmente la ley que prohibía el derecho a voto a los indios no fuera aprobada, el Parlamento de Natal continuó con su legislación en contra de los indios allí asentados y de la inmigración india. Por lo tanto, su trabajo aumentaba cada día más y su relación con su familia comenzó a resentirse. En 1897 nació su tercer hijo, Ramdas, y tuvo que enfrentarse al problema de cómo educaría en Sudáfrica a sus hijos y su sobrino. Consideraba que la educación que recibirían en Natal no sería la más adecuada para ellos, por lo tanto, decidió ser él mismo su maestro. Pero, como ya hemos dicho, toda su actividad a favor de los derechos de los indios le quitaba mucho tiempo. Él mismo lo reconocería en sus memorias: *Yo no podía dedicar a mis hijos todo el tiempo que hubiera querido. La imposibilidad de prestarles la atención necesaria y otras causas inevitables me impidieron proporcionarles la amplia educación que deseaba, y todos mis hijos se han quejado de mí en lo que respecta a este asunto.*

Aunque su trabajo y la educación de sus hijos no le dejaban mucho tiempo, en esta época, Gandhi comenzó a trabajar como enfermero voluntario en un hospital de la caridad. Este trabajo le hacía sentirse feliz y útil, y los conocimientos médicos adquiridos allí le serían de mucha utilidad para el cuidado de sus hijos, especialmente el nacimiento de sus dos hijos menores, en los que el propio Gandhi asistió a su mujer.

Podemos afirmar que su creciente implicación en la lucha por la mejora de las condiciones de los indios en Sudáfrica, así como el apoyo recibido en su país natal le dieron un nuevo impulso que se tradujo en diversos cambios en su vida. Además de su compromiso con el alivio del dolor ajeno en el hospital, fue también en este momento en el que se planteó por primera vez hacer el voto de castidad, el *brahmacharya,* ya que consideraba que *mientras fuera esclavo de la lujuria, mi fidelidad no significaba nada.* En la tradición hindú, los pensadores considerados más elevados siempre han hecho el *brahmacharya.* La meta de este voto es reservar toda la energía corporal para emplearla en fines espirituales, así como mantener un pleno dominio de los sentidos. Su esposa y él comenzaron a dormir en camas separadas. Sin embargo, no llegó a tener todo el éxito que él hubiera querido en este intento por superar el apetito carnal, probablemente, como afirmaría en sus memorias, por falta de confianza en sí mismo y en Dios.

También en este momento decidió que debía recortar gastos en su hogar y así vivir una vida más sencilla. Comenzó a lavar él mismo la ropa que antes enviaba a la lavandería y también dejó de ir al barbero, incluso para cortarse el pelo, ya que después de que un barbero blanco se negara a cortarle el pelo por ser indio, decidió que a partir de entonces se lo cortaría él mismo.

La Guerra de los Boers

En 1899 estalló la segunda Guerra de los Boers. Desde mediados de siglo, cuando se había librado la primera Guerra de los Boers, éstos se habían visto obligados a retirarse cada vez a regiones más interiores ante la presión británica. El objetivo de Gran Bretaña era lograr una África británica de norte a sur, desde Egipto hasta El Cabo, y, además, el descubrimiento de yacimientos de diamantes y oro en la zona ocupada por los boers acrecentó las ambiciones británicas. Gran Bretaña propuso constituir una federación entre las provincias británicas y los dos estados de Transvaal y Orange. Ante el rechazo de los boers, Gran Bretaña declaró la guerra. Desembarcaron en Natal tropas procedentes de todos los rincones del Imperio Británico, mientras que los boers contaron con el apoyo de Alemania. Finalmente, tras tres años de guerra, vencería Gran Bretaña en 1902. Gandhi, a pesar de simpatizar con los boers, se mantuvo del lado de los británicos. Justificaba esta contradicción afirmando que, si exigía los derechos derivados de ser ciudadano británico, debía su lealtad al Imperio, dejando sus simpatías a un lado. Su opinión era que *la India sólo podría alcanzar su emancipación total dentro y a través del Imperio Británico*. En cualquier caso, en aquel momento era absolutamente leal a la constitución y la corona británicas ya que estaba convencido de que las leyes de Gran Bretaña eran absolutamente beneficiosas para todos.

Por esta razón se ofreció para organizar a los indios como camilleros y auxiliares sanitarios en el frente y como personal de limpieza en los hospitales. El director del hospital en el que trabajaba como voluntario les instruyó y les proporcionó certificados médicos en los que se les declaraba aptos para el servicio. En un principio, el gobierno de Natal rechazó la propuesta de Gandhi, pero finalmente aceptaron. Así, mil cien indios voluntarios formaron el *Indian Ambulance Corps* (también conocido como «Cuerpo

58

Gandhi»), incluido dentro de la Cruz Roja. Su labor consistía en asistir a los heridos en el campo de batalla, y a veces tenían que encargarse de transportarlos a lo largo de 30 ó 40 km en camilla. Tuvieron la ocasión de demostrar su valor en varias ocasiones en las que se vieron obligados a asistir a los heridos en primera línea de fuego.

Después de seis semanas, el *Corps* fue disuelto, ya no era necesario puesto que habían llegado refuerzos desde Gran Bretaña. Su trabajo fue reconocido; de hecho, algunos periódicos publicaron frases como ésta: *Después de todo, todos somos hijos del Imperio.* A algunos de los componentes del *Indian Ambulance Corps,* entre ellos a Gandhi, les fue concedida la medalla al mérito militar. Durante el tiempo en el que los indios lucharon junto a los británicos, las diferencias entre ellos prácticamente fueron eliminadas, los blancos los trataban como iguales y los indios, a pesar de hablar distintas lenguas y tener credos diferentes, se sintieron realmente unidos por primera vez.

El mismo año 1899 las lluvias monzónicas, vitales para la agricultura india, no se produjeron, lo que provocó una hambruna devastadora en toda la India, agravada por las políticas agrarias impuestas por los británicos. Murieron casi veinte millones de personas y Gandhi intentó concienciar a todos los indios de Sudáfrica para que ayudaran a sus compatriotas. Así consiguió que muchos de ellos, tanto los más adinerados como los simples trabajadores, donaran dinero para comprar alimentos que envió a la India. Vemos que le preocupaban no sólo los problemas más cotidianos o cercanos a él, sino que sentía la necesidad de que la gente se solidarizara con los problemas de aquéllos que sufrían, por muy lejanos que estuvieran.

En 1901 nació su tercer hijo, Devdas. Gracias a sus conocimientos sobre medicina pudo asistir a su mujer en el parto, ya que ni el médico ni la comadrona llegaron a tiempo. Ese mismo año, Gandhi decidió regresar junto a su familia a su país. Sentía que su trabajo ya no sería útil en Sudáfrica y que podría prestar un mejor servicio a los suyos en la India. Dejaba en Natal varios discípulos que sabían cómo continuar la lucha comenzada por él, tarea que aceptaron no sin antes hacerle prometer que regresaría si en el plazo de un año le necesitaban.

De nuevo, sus amigos en Sudáfrica le hicieron una fiesta de despedida, en la que le obsequiaron con varias joyas que supusieron un verdadero problema para Gandhi: sabía que rechazarlas sería desconsiderado, pero al mismo tiempo le resultaba difícil aceptar regalos de tantísimo valor. Él había ejercido su labor en la lucha contra las leyes discriminatorias para hacer un bien a la sociedad, no para recibir algo a cambio. Por lo tanto, después de haberlo meditado, decidió emplear las joyas en la creación de un fondo para cubrir las necesidades de la comunidad. Esta decisión le supuso una fuerte discusión con su mujer, que quería guardar las joyas para asegurar un buen futuro a sus hijos. Kasturbai deseaba especialmente conservar un collar de oro que le habían dado a Gandhi para su esposa y la discusión fue especialmente dura en ese punto.

Justo antes de su partida hacia la India, llegó la noticia de la muerte de la reina Victoria. Como muestra de su lealtad al Imperio Británico, envió un telegrama de condolencia en nombre de los indios de Sudáfrica y organizó en Durban una procesión en honor de la difunta emperatriz de la India.

Regreso a la India

En el mes de octubre de 1901 toda la familia desembarcó en Bombay. Poco después, Gandhi viajó hasta Calcuta, con el fin de asistir a la reunión del Congreso Nacional Indio que allí se celebraba. En su viaje estableció contacto con los líderes del Congreso y con varias de las personas que comenzaban a pensar en la posibilidad de que la India lograra su independencia, entre ellos estaban Sir Pherozeshah Mehta y Gokhale, a los que Gandhi ya había conocido personalmente. En el Congreso, Gandhi expuso una resolución sobre la situación de los emigrantes indios en Sudáfrica, que fue aprobada por unanimidad. Una vez concluido el Congreso, permaneció en Calcuta otro mes para poder ponerse en contacto con más personalidades que pudieran ayudarle en la labor comenzada en Sudáfrica. Durante esta estancia en Calcuta estuvo alojado en casa del propio Gokhale; gracias a él pudo conocer a prácticamente todas las personas con las que quería contactar.

Después de dejar Calcuta, Gandhi pasó algunos meses viajando por el interior del país. Su escaso equipaje incluía algo de comida y una bolsa de tela con una manta, un abrigo, una toalla, una camisa y un *dhoti*. Hizo la mayor parte de su recorrido en trenes de tercera clase para conocer la situación de las clases más bajas de la sociedad india. El propio Gokhale acudió a despedirle a la estación ferroviaria de Calcuta. El destino final de su viaje era Rajkot, donde estaba su familia, y por el camino visitó Benarés, Agra, Jaipur y Palanpur. En cada uno de estos lugares se quedó un día y anotó todos los gastos hechos durante el viaje, que ascendieron solamente a 31 rupias. En sus memorias dejó constancia de ello, así como de las pésimas condiciones de los trenes de tercera clase en la India: *Los pasajeros de tercera clase son tratados como ovejas y sus comodidades son las mismas que las de las ovejas.* Sus principales quejas fueron la suciedad (tanto de los vagones como de los que viajaban en ellos) y las condiciones de hacinamiento en estos trenes.

En Benarés, Gandhi se dispuso a realizar el rito de las abluciones en el Ganges. Cuando llegó a orillas del río sagrado, quedó totalmente decepcionado. *Donde uno esperaba encontrar una atmósfera de meditación y comunión, éstas brillaban por su ausencia. El que las deseaba debía buscarlas en su interior.* [...] *Las autoridades deberían ser responsables de crear y mantener en el templo una atmósfera pura, dulce y serena, tanto desde el punto de vista físico como espiritual. En lugar de esto encontré un bazar en el que los más avezados tenderos vendían dulces y juguetes de última moda.*

Una vez llegó a su destino, Rajkot, Gandhi se estableció allí y trabajó como abogado. Aún no tenía mucha confianza en que su trabajo resultara satisfactorio, ya que seguía sin dominar las leyes indias, pero contaba con su experiencia en Sudáfrica y confiaba en que la fuerza de la verdad la haría salir a la luz ante el tribunal. Estuvo allí poco tiempo, porque pronto se trasladó con su familia a Bombay, donde prosperaría como abogado. Una vez allí, su hijo Manilal, que tenía entonces diez años, cayó gravemente enfermo: contrajo fiebres tifoideas que se complicaron con una neumonía. El médico recomendó, entre otras cosas, que se alimentara con huevos y caldo de pollo. Gandhi explicó al médico que toda la familia eran vegetarianos y su religión le impedía alimentar a su hijo con carne o huevos. Si Manilal hubiera sido un adulto, le hubiera dejado elegir por sí mismo, pero al ser aún un niño, su obligación era tomar esa decisión por él. De modo que Gandhi trató a su hijo a base de baños calientes y zumo de naranja diluido en agua durante tres días. Bajó su fiebre envolviéndolo en una sábana mojada y varias mantas y, una vez recuperada su temperatura normal, le alimentó durante cuarenta días a base de leche diluida en agua y zumos de frutas. A pesar de no estar de acuerdo con la medicina convencional, pidió al doctor que fuera regularmente a su casa para examinar al pequeño, ya que Gandhi reconocía que no poseía los conocimientos suficientes como para valorar el pulso, los latidos del corazón, etc. Finalmente Manilal se recuperó, lo que hizo que Gandhi se convirtiera en un defensor aún más convencido (si cabe) de la dieta vegetariana, la medicina natural y la hidroterapia.

De nuevo en Sudáfrica

Ya comentamos anteriormente que Gandhi se había marchado de Sudáfrica con una condición: regresaría en el momento en que sus compatriotas se lo pidieran. Esto fue precisamente lo que sucedió cuando Joseph Chamberlain, Secretario de Estado de las colonias del Imperio Británico, anunció que visitaría Sudáfrica. Gandhi ya estaba establecido como abogado en Bombay, pero se apresuró a dejarlo todo cuando sus amigos le reclamaron.

Una vez más, Gandhi dejó a su esposa y sus hijos en su hogar, esta vez en Bombay, y marchó hacia Natal. Desde el momento de su llegada se constituyó una delegación india que recibiría a Chamberlain y comenzó a trabajar en un memorial sobre la situación de los indios en Sudáfrica, que pensaban entregarle para que conociera de primera mano sus reivindicaciones. Chamberlain les recibió pero no atendió sus peticiones, argumentando que el gobierno de Londres no podía interferirse en el de las colonias autogobernadas, como era el caso de África del Sur.

Esta vez Mohandas Gandhi no se estableció en el territorio de Natal, sino en el Transvaal, exactamente en Johannesburgo. Allí se inscribió en el Tribunal Supremo y comenzó a trabajar como abogado. Su trabajo consistió en defender a sus compatriotas contra un nuevo abuso por parte de las autoridades sudafricanas: durante la guerra de los boers, muchos indios que trabajaban allí habían huido como refugiados; ahora, una vez terminada la guerra, no tenían otro modo de volver a sus hogares más que pasando por una serie de lentísimos trámites burocráticos y, en el mejor de los casos, pagando altísimas sumas de dinero a los funcionarios. Por lo tanto, los más perjudicados eran los más pobres, que no podían pagar sobornos y perdían todas sus posesiones en el Transvaal. Gracias a la labor judicial de Gandhi fueron procesados varios de los funcionarios corruptos y el gobierno tuvo que realojar a muchos de los refugiados. A partir de este momento Gandhi comenzó a ser conocido con el sobrenombre de *Bhai,* hermano.

Poco a poco, a medida que su labor iba siendo conocida en el Transvaal, numerosas personas, tanto indios como europeos, se acercaban a él para ofrecerle su ayuda. De entre ellos podríamos destacar a la señorita Schlesin, que comenzó trabajando como taquígrafa para Gandhi y cuyo coraje, temperamento y capacidad de trabajo y sacrificio fueron durante años una gran ayuda para él. Un tiempo después, cuando la lucha alcanzó su punto más álgido y la mayoría de los líderes estaban en la cárcel, fue Schlesin quien se encargó de encabezar el movimiento de no-colaboración al mismo tiempo que se ocupaba enteramente tanto de las tareas de secretaría como de la redacción del *Indian Opinion,* semanario que fundaría Gandhi en 1904.

La labor humanitaria del abogado indio no se limitaba a los tribunales. En estos momentos se declaró un brote de peste negra en un suburbio de Johannesburgo. Estos suburbios eran verdaderos guetos en los que trabajadores de color (negros e indios) vivían en parcelas arrendadas por el ayuntamiento de la ciudad, por lo tanto, eran las autoridades municipales las responsables del mantenimiento de las condiciones higiénicas y limpieza de las calles y las letrinas de estos barrios. Estas zonas estaban muy densamente pobladas, ya que, a pesar de que la población que vivía allí aumentaba rápidamente, el área no aumentaba en la misma proporción. El brote se había iniciado en una mina de oro en la que trabajaban mineros negros, pero pronto se extendió a los barrios en los que éstos vivían y también a los barrios habitados por indios. En un primer momento fueron veintitrés los indios afectados por la peste y, en cuanto Gandhi lo supo, se apresuró esa misma noche a instalarse, junto a varios de sus colaboradores, en el barrio afectado para atender personalmente a los enfermos. Finalmente se creó un hospital de emergencia dirigido por el propio Gandhi. Una vez la peste estuvo bajo control, acusó públicamente a las autoridades de la ciudad por las condiciones insalubres en las que vivían los trabajadores de color en Johannesburgo, condiciones que habían provocado la extensión de la epidemia.

Las autoridades municipales decidieron desalojar las zonas afectadas, evacuaron a todos los habitantes y los realojaron en campamentos situados a más de 20 km de la ciudad. Allí permanecerían durante tres semanas como cuarentena, y los barrios que habitaban fueron quemados para evitar la propagación de la epidemia. Gandhi y sus colaboradores trabajaron duramente para organizar esta evacuación; mucha gente incluso le confió sus ahorros (que guardaban enterrados en sus casas) hasta que pudieran regresar a la ciudad.

Un gran cambio

En Johannesburgo estuvo en contacto con teósofos, a cuyas reuniones acudió y en las que incluso llegó a pronunciar alguna charla. Ya en Londres Mohandas Gandhi se había interesado por la teosofía y, como vemos, una de sus principales inquietudes era relacionarse con los grupos religiosos que encontraba en toda comunidad en la que vivía. Buscaba un profundo conocimiento religioso desde todos los puntos de vista: filosófico, moral, etc. La teosofía tiene muchos puntos en común con el hinduismo, por lo que el intercambio de conocimientos y experiencias fue muy rico tanto para el grupo teosófico como para él: gracias a estas reuniones leyó la obra de Swami Vivekananda sobre los diferentes tipos de *yoga*. También leyó el *Bhagavad Gita* en el original sánscrito, con ayuda de varias traducciones inglesas, y llegó a ser capaz de recitar hasta trece capítulos de memoria aprendiendo uno o dos versos al día.

Esta relectura del *Bhagavad Gita* (junto con la lectura de *Unto this Last*, que comentaremos a continuación) fue fundamental para su evolución personal, lo que él llamó «proceso de introspección». Según relataría en su autobiografía:

> *Del mismo modo que acudía al diccionario de inglés para buscar los significados de las palabras inglesas que no entendía, acudía a este diccionario de conducta* [el *Bhagavad Gita*] *para buscar una solución para todos mis problemas y aflicciones. Palabras como* aparigraha *(noposesión) y* samabhava *(ecuanimidad) me fascinaron. El problema era cómo cultivar y preservar dicha ecuanimidad. ¿Cómo podría alguien tratar del mismo modo a los funcionarios corruptos, groseros e insolentes* [...] *y a aquéllos que siempre se habían portado bien con él? ¿Cómo podría alguien desprenderse de todas sus posesiones? ¿No era incluso el cuerpo una posesión? ¿No eran la esposa y los hijos posesiones? ¿Debía destruir todas las estanterías de libros que poseía? ¿Tenía que dejarlo todo para seguirle* [a Dios]*? La respuesta apareció claramente: no podría seguirle a no ser que abandonara todo lo que tenía.*

Es un momento crucial en su vida, al que le han ido conduciendo todos los acontecimientos pasados y su propia evolución personal. Gandhi se enfrenta directamente con un conflicto interno que le hace tener que decidir por qué camino desea avanzar el resto de su vida: las posesiones materiales eran un impedimento para sus aspiraciones espirituales y, a partir de ahora, veremos cómo las irá abandonando para entregarse completamente a una vida de *sacrificio y simplicidad,* de servicio a los demás. Este servicio debía ser llevado a cabo según el concepto de *viz,* realizar una acción sin tener en cuenta sus frutos, es decir, dar sin esperar recibir nada a cambio. Ésta, según Gandhi, era la principal enseñanza del *Gita.*

En 1904 fundó el semanario *Indian Opinion,* financiado en parte gracias a su propio bolsillo. Gandhi no era oficialmente el director, sin embargo, lo fue de facto, ya que conocía mucho más a fondo la problemática sudafricana que Mansukhlal Naazar, que figuraba como director. En un principio estaba escrito en cuatro idiomas, inglés, gujarati, tamil e hindi, con el fin de llegar al mayor número posible de lectores indios, aunque más tarde Gandhi tuvo que reducir sus expectativas y publicarlo únicamente en gujarati e inglés. El

Indian Opinion se convirtió en una importantísima tribuna sobre temas sociales y reivindicación de derechos ante las autoridades; de hecho, fue concebido como un servicio para la comunidad, nunca como un negocio lucrativo. En prácticamente todas las ediciones del semanario (exceptuando los períodos que pasó en prisión) aparecía un artículo de Gandhi sobre los problemas que más acuciaban a los ciudadanos indios y a él mismo. Fue consciente desde el principio de la importancia de los medios de comunicación en la sociedad y su responsabilidad no sólo como transmisores de noticias, sino también, sobre todo, como creadores de opinión.

Medicina natural

Al mismo tiempo que se iba desprendiendo en su vida diaria de todo aquello que le resultaba superfluo, la desconfianza de Gandhi en la medicina occidental fue aumentando. Ya hemos comentado que en varias ocasiones se había mostrado más partidario de la medicina natural, pero es en este momento en el que se muestra radicalmente en contra de cualquier otro tipo de tratamiento médico. No obstante y, muy a su pesar, la medicina natural no le sería de ninguna utilidad en dos ocasiones: cuando tuvo que ser operado de apendicitis durante su estancia en una cárcel india y cuando se negó a que administraran penicilina a su mujer, enferma de una neumonía, enfermedad que le causaría finalmente la muerte.

Durante su estancia en Johannesburgo, padeció de fuertes dolores de cabeza y estreñimiento. Gracias a sus experimentos con la dieta descubrió que si no desayunaba, el dolor de cabeza desaparecía, por lo que llegó a la conclusión de que éste era el resultado de una ingesta excesiva de comida. También halló que para el estreñimiento, el mejor remedio consistía en una cataplasma de barro sobre el vientre o una lavativa de azúcar.

Gandhi estaba realmente convencido de las bondades de una buena alimentación (vegetariana, por supuesto) y los remedios naturales, hasta el punto de llegar a afirmar que: *Novecientos noventa y nueve de mil casos pueden ser curados por medio de una dieta equilibrada, hidroterapia, cataplasmas de barro o remedios caseros similares.*

*En junio del año 1891 regresa a su hogar tras recibir
la licenciatura de abogado.*

A lo largo de su vida elaboró varias teorías sobre la alimentación, así como diversos experimentos sobre combinaciones de alimentos. De hecho, escribiría una serie de artículos sobre dietética en gujarati, publicados en la revista *Indian Opinion*. Estos artículos serían traducidos al inglés y recopilados en forma de libro, con el título de *A Guide to Health* (Guía para la salud). En ellos Gandhi expone su convicción de que la única leche necesaria para el desarrollo del cuerpo humano es la leche materna tomada durante la lactancia. En sus memorias afirma que la dieta ideal debía ser *limitada, sencilla, sin especias y, de ser posible, sin cocinar*. De acuerdo con estas teorías, durante una temporada se alimentó únicamente a base de frutos secos y fruta, la dieta ideal según él. No obstante, volvió a introducir la leche en su alimentación diaria, ya que no pudo negar la evidencia de que ésta posee nutrientes que no se pueden encontrar en ningún tipo de fruta. De la observación de su cuerpo durante estos cambios de dieta sacó la conclusión de que la leche era estimulante y le hacía más difícil su voto de castidad; sin embargo, confesó que llegó a estar a las puertas de la muerte al haber eliminado la leche de su dieta. En cualquier caso, se le presentó un dilema moral a la hora de decidir volver a tomar leche, ya que había hecho voto de no volver a probarla. Pero, como buen abogado, encontró un «resquicio legal» en su promesa que le permitió poder beberla de nuevo:

> *El voto, por supuesto, incluía todo tipo de leche. Sin embargo, cuando lo hice tenía en mente solamente la leche de la vaca y la búfala que mi madre poseía y, dado que quería vivir, me autoengañé ateniéndome literalmente a la promesa y decidí tomar leche de cabra. Cuando empecé a beberla era totalmente consciente de que había desvirtuado el sentido de mi voto.*

Cambio de vida: *el ashram*

También en esta época, durante un viaje en tren de Johannesburgo a Durban, Gandhi leyó el libro de John Ruskin *Unto this Last*. John Ruskin, fallecido en 1900, fue un importante pintor, filósofo y teórico de las artes de la Inglaterra victoriana (de hecho, fue profesor de arte y arquitectura en la Universidad de Oxford). Junto a otros grandes británicos del XIX, defendió los valores estéticos y morales de tiempos pasados, especialmente de la época medieval: son los llamados prerrafaelitas. Este retorno al pasado surgía a partir de un rechazo hacia el mundo industrializado y cada vez más deshumanizado en el que estaban viviendo. Uno de los objetivos de Ruskin era sublimar ese mundo a través del arte, que debería estar regido por reglas morales y, de este modo, conduciría a un conocimiento de Dios.

Unto this Last llegó a manos de Mohandas Gandhi a través de un periodista británico al que había conocido en un restaurante vegetariano y, según el propio Gandhi: *No podía dejar de leerlo. El viaje de Johannesburgo a Durban duraba veinticuatro horas. No pude dormir. Esa misma noche decidí cambiar mi vida de acuerdo con las ideas de ese libro.* En dicha obra, que Gandhi traduciría más tarde al gujarati, John Ruskin propugnaba el regreso a una vida sencilla basada en la ética. Según él, el trabajo debía ser una obligación y no debería ser considerado una mercancía.

Tal como relataría más tarde el propio Gandhi en su autobiografía, la obra de Ruskin le enseñó que *el bienestar individual viene contenido en el bienestar común; el trabajo de un abogado tiene igual valor que el de un barbero, ya que ambos tienen el mismo derecho a ganar el sustento con su trabajo; y que sólo merece ser vivida una vida de trabajo como, por ejemplo, la del labrador o la del campesino.* Sin embargo, sólo la primera de estas ideas aparece explícitamente en el texto de Ruskin, las otras dos fueron elaboradas por Gandhi a partir de aquélla.

Estas lecturas le llevaron a profundizar en su dedicación a la lucha no-violenta y a comprender que la vida de abogado acomodado que había llevado hasta entonces era incompatible con sus ideales, que podríamos calificar de revolucionarios. De esta manera, decidió llevar a la práctica las teorías de Ruskin en el mismo año 1904. En menos de una semana adquirió por 1.000 libras una finca de algo más de 4.000 hectáreas a 20 km de Durban, en territorio zulú, cerca de la estación ferroviaria de Phoenix. Era un terreno salvaje y estaba lleno de serpientes, aunque tenía algunos árboles frutales y una casa desvencijada. Inmediatamente se trasladaron allí varios de sus colaboradores, que en un principio tuvieron que vivir en tiendas de campaña, y construyeron una pequeña imprenta para la publicación del *Indian Opinion*. En un primer momento, se trasladó hasta allí una prensa mecánica que funcionaba con petróleo, a pesar de que el ideal de Gandhi era el trabajo artesano y hubiera preferido instalar una prensa manual. Sin embargo, llegó un día en el que abandonaron la prensa mecánica y pudieron imprimir el semanario de forma manual.

Al poco tiempo se trasladó allí junto con sus colaboradores, aunque, muy a su pesar, se vio obligado a vivir a caballo entre Phoenix y Johannesburgo, ya que no podía abandonar su labor allí. Pronto comenzó a construir lo que sería un *ashram,* una comunidad destinada al crecimiento espiritual, en la que todos sus miembros comparten el culto religioso, la meditación y el diálogo y donde el trabajo de cada uno de ellos tiene el mismo valor y los bienes son compartidos por todos.

Este *ashram* era una especie de experimento a pequeña escala del ideal de sociedad que Gandhi deseaba alcanzar. Siguiendo las enseñanzas de Ruskin, Gandhi opinaba que eran las desigualdades económicas y sociales las que provocaban los conflictos en la sociedad, por eso intentaba lograr una sociedad sin clases. Gandhi intentó atraer a las familias a su *ashram,* ofreciéndoles tres acres de tierra y una cabaña. Finalmente acabarían viviendo allí seis familias. Gandhi escribió a Polak, el periodista inglés que le había regalado *Unto this Last*, diciéndole que había llevado a la práctica las ideas de Ruskin. Polak, entusiasmado, le preguntó si podría formar parte de esa «aventura» y, un mes después, se instaló en Phoenix.

La vida en el *ashram* era prácticamente la misma de un monasterio. Cada persona, tanto hombre como mujer, debía ocuparse de las tareas domésticas por igual. También tenían la obligación de autoabastecerse y producir todos los objetos necesarios, como su propia ropa o calzado. En general, puede decirse que el *ashram* era una comunidad en la que se combinaban ciertas características de las civilizaciones occidental y oriental: la higiene y el tipo de organización occidentales y la vida doméstica y religión orientales.

No obstante, a pesar de este cambio radical de vida (no debemos olvidar que Gandhi era un brillante abogado con éxito que vivía en un lujoso barrio residencial y vestía a la europea), no abandonó en ningún momento su lucha por los derechos de los indios. Además, sus aspiraciones ya no se limitaban únicamente a la defensa de los derechos civiles de los indios en Sudáfrica. En 1905, Gandhi escribió en el *Indian Opinion: Es imposible supri-*

mir para siempre las aspiraciones nacionalistas, e igualmente imposible que la India siga siendo una dependencia *de un imperio del que constituye más de la mitad de la población. No existe ningún pueblo que no se considere más feliz con su propio mal gobierno que con el buen gobierno de una potencia extranjera.*

En estos momentos le había vuelto a suceder lo mismo que en su primera estancia en Sudáfrica: él pensaba que estaría allí durante un año, pero ya habían pasado tres. Por eso pidió a su esposa Kasturbai que viajara con sus hijos a Durban para reunirse con él. Sin embargo, su hijo mayor, Harilal, que tenía entonces dieciséis años, permaneció en la India para continuar sus estudios.

Como ya hemos comentado, Gandhi no vivía todo el tiempo en el *ashram,* sino que compartía su estancia allí con temporadas en su despacho en Johannesburgo, donde se encargaba de casos particulares. Su familia se instaló en su casa de Johannesburgo.

La rebelión de los zulúes

En 1906 tuvo lugar la llamada «rebelión zulú», revuelta provocada por la decisión del gobierno de Natal de establecer un nuevo impuesto a todos los nativos zulúes mayores de dieciocho años. El impuesto fue la gota que colmó el vaso de la opresión que los nativos sufrían desde que su territorio había sido ocupado por los boers. Se negaron a pagar el impuesto, sufriendo las consecuencias de una dura represión por parte del gobierno británico.

Gandhi estaba de acuerdo con las reivindicaciones zulúes, sin embargo, su lealtad al Imperio Británico hizo que volviera a ofrecerse al gobierno de Natal y formara de nuevo un Cuerpo de Ambulancias Indio. El gobierno aceptó su ofrecimiento de inmediato, y se enrolaron veinticuatro voluntarios. Gandhi decidió entonces, con el consentimiento de su mujer, que su familia se trasladase a Phoenix, y todos abandonaron definitivamente la casa de Johannesburgo.

Le fue otorgado temporalmente el rango de sargento mayor, según palabras del propio Gandhi: *para facilitar el trabajo.* El Cuerpo de Ambulancias Indio estuvo seis semanas en activo. En años posteriores, cuando Mohandas Gandhi se convirtió en un destacado defensor del pacifismo a nivel mundial, se le atacó por haber tomado parte activa en conflictos bélicos con los que ni siquiera había estado de acuerdo. En su autobiografía, se justificaría de este modo: *No tenía nada en contra de los zulúes, no habían hecho nada malo a ningún indio. Tenía dudas sobre la «rebelión» misma. Sin embargo, entonces estaba convencido de que el Imperio Británico velaría por el bienestar del mundo. Una lealtad sincera me impedía desear ningún tipo de mal al Imperio. Ni siquiera el hecho de que fuera una «rebelión» justa podría afectar a mi decisión.*

También comentaría con respecto a esta contradicción que en su puesto como sargento del Cuerpo de Ambulancias se encontraba en situación de ayudar también a los heridos zulúes:

> *... mi corazón estaba con los zulúes, y me alegró mucho saber, al llegar al cuartel general, que nuestra labor principal sería atender a los zulúes heridos. [...] Aquello no era una guerra, sino una cacería de hombres, y esa no era sólo mi opinión, sino también la de muchos ingleses con los que tuve ocasión de hablar. [...] ... mi trabajo consistía simplemente en atender a los zulúes heridos y, de no ser por nosotros, éstos no hubieran recibido ningún tipo de asistencia. Esto aplacó de algún modo mi conciencia.*

La mayor parte de los zulúes no habían sido heridos en el campo de batalla. Muchos de ellos habían sido apresados como sospechosos y habían sido azotados. Las llagas provocadas por los azotes terminaban infectándose y la labor de Gandhi y sus hombres era curar esas heridas, así como dispensar y preparar recetas médicas a los soldados británicos. El Cuerpo de Ambulancias debía acompañar a una columna de caballería que se desplazaba continuamente. Los enfermeros voluntarios debían cargar con todo el equipo médico allí donde fuera la columna, en ocasiones hasta más de 64 km al día.

Una vez acabada la revuelta, Gandhi regresó al *ashram*. El conflicto se había saldado con la muerte de más de dos mil zulúes, de un ejército compuesto por doce mil hombres.

IV.   LUCHA NO-VIOLENTA

Ley Negra

En 1906, el gobierno del Transvaal hizo público un proyecto de ley por el que se obligaba a todos los indios mayores de ocho años (mujeres incluidas) a inscribirse ante las autoridades. Deberían llevar siempre consigo una tarjeta de identificación con sus huellas dactilares y, en caso de negarse a presentarla cuando las autoridades se lo solicitaran, el castigo sería de una gran multa o, incluso, la deportación. La ley también autorizaba a los policías a entrar en los hogares indios para comprobar si sus habitantes estaban inscritos.

Podemos ver que, poco a poco, las intenciones del gobierno sudafricano eran establecer un verdadero estado policial cercando a todos los ciudadanos que no fueran blancos, con el fin de que aceptaran vivir en una situación de semiesclavitud o, en caso contrario, expulsarles del país.

Ante semejante provocación por parte del gobierno, Gandhi decidió pasar a la acción. Así, el 11 de septiembre convocó una reunión en el Teatro Imperial de Johannesburgo y pronunció un histórico discurso ante tres mil indios. En él expuso sus ideas sobre la manera de luchar contra semejantes injusticias: la resistencia pasiva, justificada por la *satyagraha,* la fuerza de la verdad. Ciertamente era un concepto novedoso, aunque basado en la filosofía tradicional hindú. Gandhi proponía abandonar cualquier tipo de lucha violenta; según él, la verdad, máximo valor, no puede defenderse con métodos violentos. Al contrario, son los que no tienen la verdad de su lado los que tienen que recurrir a la violencia y a la injusticia para justificarse; si los agredidos responden con violencia, justifican al agresor. Sin embargo, si aquéllos se oponen a la violencia y recurren a la resistencia pasiva, el agresor queda sin argumentos.

Podría dar la impresión de que la lucha no-violenta es un ejercicio de cobardía o de falta de imaginación y que Gandhi fue un verdadero genio de la manipulación informativa y así logró el reconocimiento mundial y creó la vía para que su país alcanzara la independencia. Sin embargo, no debemos confundir lucha no-violenta o desobediencia civil con inmovilismo. La lucha por él promovida requirió mucha acción y, sobre todo, grandes dosis de valor y arrojo. No debemos olvidar sus largas peregrinaciones por la India, los años que pasó en la cárcel, su duro trabajo en los *ashrams,* ni tampoco que puso su vida en juego en varias ocasiones con sus huelgas de hambre. Gandhi, sencillamente, buscaba convertirse en un instrumento para beneficio de los demás abandonando su yo y todos sus deseos egoístas para luchar contra el dolor y el mal en el mundo. Gandhi era consciente del valor que requería este tipo de lucha y previno desde el principio a sus seguidores:

> *Quisiera daros un bosquejo de lo peor que podría pasarnos en esta lucha... Puede ocurrir que seamos encarcelados, insultados, que pasemos hambre y frío. Tal vez nos hagan trabajar duramente, quizá seamos azotados por guardias brutales. Es posible igualmente que tengamos que pagar grandes multas y que nuestros bienes sean confiscados y subastados si sobrevivieran pocos resistentes. [...] No veo más que una sola posibilidad: resistir hasta la muerte antes que someterse a esta discriminación.*

Tras este discurso, quedó aprobada por aclamación la propuesta de Gandhi de emplear la resistencia pasiva para combatir todo tipo de leyes injustas. Al final de esta reunión se produjo un hecho, cuando menos, curioso: se lanzaron vivas al rey Eduardo, sucesor de la reina Victoria, y se cantó el «Rule Britannia», himno nacional británico. Los indios se consideraban ciudadanos británicos y respetaban profundamente los símbolos de la metrópoli.

El término «resistencia pasiva» es la traducción más cercana para el gujarati *satyagraha;* sin embargo, Gandhi opinaba que era una expresión demasiado estrecha *(parecía ser un arma de los débiles, caracterizada por el odio y que, en última instancia, podría manifestarse como violencia...).* La expresión «desobediencia civil» tampoco le agradaba, ya que parecía destilar una desafiante hostilidad y tampoco recogía el verdadero significado de la palabra original. Ésta había sido acuñada por Maganlal Gandhi, uno de los seguidores de Mahatma, a partir de dos palabras: *sat,* que significa «verdad» y *agraha,* que quiere decir «firmeza». El concepto surgió mucho antes que la palabra y, ante la necesidad de dar un nombre a esta lucha, el *Indian Opinion* ofreció un premio para aquel que encontrara el nombre más adecuado. Maganlal ganó el concurso.

No-violencia

Mediante la lucha no-violenta, Gandhi pretendía sacar a su oponente (que no sería nunca considerado enemigo) de sus errores *mediante la paciencia y la compasión,* en su sentido etimológico de «padecer con», «estar junto al que sufre». El sufrimiento libremente aceptado convence al oponente de no estar del lado de la verdad, ya que sólo la *satyagraha,* la fuerza de la verdad, podría mover a alguien a aceptar libremente cualquier tipo de padecimiento.

Los conceptos de no-violencia y verdad están muy relacionados en la filosofía de Gandhi. La verdad es algo que hay que perseguir, es un fin en sí mismo. Pero el uso de la violencia en defensa de la verdad desvirtúa la verdad misma; por esta razón ésta sólo puede alcanzarse mediante la no-violencia. Estas ideas provenían en parte de la religión jainista, bastante extendida en la región de Gujarat, de la que procedía Gandhi.

La primera acción no-violenta que Mohandas Gandhi propuso fue un boicot a la Ley Negra: promovió en 1907 la formación de piquetes pacíficos de jóvenes voluntarios que se situaban ante las oficinas de registro y solicitaban, siempre sin ejercer la violencia, a aquéllos que acudían a registrarse que no lo hicieran. La campaña dio resultado y sólo un indio de cada veinte se registró. El gobierno, indignado ante estos hechos, detuvo a Gandhi en enero de 1908, y fue condenado en Johannesburgo a dos meses de cárcel. Ésta fue la primera de las numerosas estancias en la cárcel que sufriría el líder indio por defender los derechos de sus compatriotas. No cumplió la condena entera, ya que a los pocos días fue liberado para celebrar conversaciones secretas con el general Jan

Smuts, veterano de la Guerra de los Boers. Smuts es un personaje importante en la Historia del siglo XX, ya que más adelante, además de Primer Ministro de la Unión Sudafricana, sería uno de los cofundadores de la ONU y partidario de la incorporación de los negros como ciudadanos de pleno derecho en Sudáfrica. No se sabe a ciencia cierta si llegaron a algún tipo de acuerdo, pero el hecho es que tras su reunión Gandhi convenció a sus compatriotas de que se registraran voluntariamente, dando por hecho que la ley sería derogada una vez estuvieran todos registrados.

Este gesto provocó el primer atentado que sufriría en su vida, a manos de pastunes (etnia musulmana del noreste de la India), que no confiaban en la derogación de la ley. Con el pasar de los meses se constató que la ley no iba a ser derogada; por lo tanto, en agosto de 1908, Gandhi decidió pasar de nuevo a la acción. Pidió a todos los indios que quemasen sus documentos de identificación y se negasen a que les tomaran las huellas dactilares. Se celebró una reunión ante la mezquita de Johannesburgo en la que tres mil indios quemaron sus tarjetas de identificación. Junto a ciento cincuenta y cuatro colaboradores, Gandhi fue arrestado por no poseer su tarjeta, primero en el mes de octubre y más tarde, en febrero del siguiente año.

Desobediencia civil

Durante su primera estancia en prisión en 1908 leyó un libro que marcaría profundamente su pensamiento: se trata del ensayo *Desobediencia civil,* escrito en 1849 por el autor norteamericano Henry David Thoreau. En dicho ensayo, Thoreau define el concepto de «resistencia pasiva» y defiende la responsabilidad del individuo frente al Estado: cada persona tiene que actuar según su conciencia le dicte, aunque ello le enfrente al poder y a la ley.

El propio Thoreau puso en práctica sus teorías al negarse a pagar impuestos a un Estado con cuya política él estaba en contra. No estaba de acuerdo con la guerra que Estados Unidos mantenía contra México y tampoco deseaba apoyar en ningún modo a un país en el que siguiera existiendo la esclavitud, por lo tanto y, siguiendo los dictados de su conciencia, decidió hacer lo único que estaba en su modesta mano para no apoyar al Estado: no pagar impuestos. *Si mil hombres se negaran a pagar los impuestos este año, esa no sería una medida violenta ni sangrienta, como sí sería el pagarlos y dar el poder así al Estado para ejercer la violencia y derramar sangre inocente. Ésta es realmente la definición de una revolución pacífica, si algo así es posible.*

Su decisión le llevó a la cárcel, sin embargo, tan heroica postura terminó de forma algo grotesca, ya que su propia tía pagó los impuestos para evitar la vergüenza de tener a un familiar en la cárcel. Así, Thoreau solamente pasó allí una noche.

Thoreau, junto con otros autores como Ralph Waldo Emerson, con el que compartía una gran amistad, constituyen el grupo de los llamados poetas «trascendentalistas» norteamericanos. Ambos estaban muy influenciados por las traducciones del orientalista británico William Jones y habían publicado algunos ensayos sobre las escrituras hindúes. No es de extrañar, por tanto, que su filosofía calara tan hondo en Gandhi, quien le reconoció como precursor de su modo de lucha no-violenta.

En nuestro país este autor no es muy conocido; sin embargo, su influencia en el desarrollo de los movimientos de desobediencia civil ha sido muy grande en todo el mundo. Además de inspirar la lucha de Gandhi, el modelo de desobediencia civil de Thoreau ha sido adoptado por numerosos movimientos pacifistas o no-colaboracionistas durante el siglo xx. Entre 1943 y 1944 *Desobediencia Civil* circuló entre los miembros de la resistencia danesa, formada tras la ocupación de Dinamarca por los nazis, e inspiró toda una serie de actos de resistencia no-violenta y sabotaje industrial contra la invasión. Así se logró que los daneses no cooperaran con la detención de la población judía y les ayudaran a huir del país (sólo fue detenido un 5 por ciento de ellos, frente a los altísimos porcentajes de otros pueblos ocupados por Hitler).

En las siguientes décadas y hasta la actualidad el pensamiento de Thoreau ha inspirado multitud de manifestaciones no-violentas y movimientos de no-colaboración que serán comentados en el capítulo final de esta obra.

León Tolstoi

En la misma estancia en la cárcel, Gandhi releyó (ya lo había leído en 1894 en Durban, poco después de su traducción al inglés) también otro libro que le dio ánimos y argumentos para continuar su lucha no-violenta: *El reino de Dios está dentro de ti,* escrito por el autor ruso León Tolstoi. El propio Tolstoi, al igual que Thoreau, había puesto en práctica sus ideas: provenía de una familia acomodada, pero, a los cincuenta y siete años, decidió retirarse al campo para vivir de acuerdo con sus ideales educando a los campesinos. Consideraba que su vida estaba vacía, por eso emprendió una búsqueda de valores morales y sociales, que acabó encontrando en el Evangelio cristiano: amor hacia todos los seres humanos y resistencia contra las fuerzas del mal.

Tolstoi fue un firme defensor de la objeción de conciencia y de la acción no-violenta, hasta el punto que fue candidato al Premio Nobel de la Paz en varias ocasiones. En una época especialmente difícil de la Historia rusa atacó abiertamente las desigualdades sociales y las imposiciones del gobierno y la Iglesia ortodoxa. Estas críticas provocaron su excomunión en 1901.

En 1909, concretamente en el mes de octubre, Gandhi escribió a León Tolstoi para informarle sobre la resistencia civil que se estaba llevando a cabo en Sudáfrica. Comenzó así una correspondencia entre ambos que se mantendría hasta la muerte de Tolstoi, un año después. En su honor, Gandhi llamaría *Granja Tolstoi* a su segundo *ashram*.

En esta época Gandhi tuvo una disputa con su hermano Laxmidas, que hizo que éste rompiera toda relación con él, algo que le sumió en una profunda tristeza. Gandhi estaba totalmente convencido de que debía compartir todos sus bienes con la comunidad a la que pertenecía, por lo tanto, envió a su hermano todo el dinero que había ahorrado hasta aquel momento y le comunicó que no podría enviarle más, ya que a partir de aquel momento, cualquier ingreso que obtuviera sería compartido con el resto de su comunidad. Laxmidas no estuvo de acuerdo con esta decisión, ya que su familia había hecho un gran sacrificio económico para que Gandhi pudiera estudiar en Europa y consideraba que su obligación era mantener a la familia. Gandhi le contestó que estaba seguro de hacer lo correcto, ya que con su dinero beneficiaría también a su familia, entendida en un sentido más amplio. Los hermanos no volverían a verse ni a tener ningún contacto, hasta que Laxmidas, muy enfermo, escribió una carta a su hermano menor en la que le pedía perdón y reconocía que la decisión de Gandhi

A principios de 1915, cuando a su regreso de Londres fue recibido con una gran manifestación en Bombay.

había sido acertada. Al poco tiempo de escribir esta carta, Laxmidas murió. Gandhi aún vivía en Sudáfrica, por lo que no pudo visitar a su hermano en sus últimos momentos.

También en estos años en que comenzaban a tomar cuerpo los conceptos de no-violencia y resistencia pasiva, Kasturbai tuvo una grave enfermedad que estuvo a punto de causarle la muerte. Sufría de grandes hemorragias y el médico recomendó que le fuera practicada una operación, pero Kasturbai estaba tan demacrada y débil que no resistiría el cloroformo (utilizado en la época como anestésico). Por lo tanto, tuvo que ser operada sin anestesia, sufriendo grandes dolores que resistió con gran valor. La intervención se realizó en Durban, pero Gandhi tuvo que viajar a Johannesburgo tras la operación. El médico que la había operado le aseguró que podía dejar a su mujer con total tranquilidad; sin embargo, unos días después, le llamó por teléfono para informarle de que Kasturbai había empeorado, no tenía fuerzas siquiera para sentarse en la cama y su vida corría peligro. Le pidió permiso a Gandhi para dar carne a su mujer. Gandhi le respondió que ella decidiría lo que era mejor para su salud y se apresuró a regresar a Durban aquel mismo día. Cuando llegó, el doctor le confesó que ya le había dado de comer a Kasturbai caldo de carne antes de telefonearle.

El conocimiento de que Kasturbai había ingerido carne sin su conocimiento ni mucho menos su consentimiento indignó a los dos esposos y ella, a pesar de su débil estado, decidió abandonar el hospital, ya que el doctor no se haría cargo de ella si persistía en su decisión de no probar la carne. Ese mismo día se dirigieron en tren hacia el *ashram* de Phoenix, donde finalmente Kasturbai se recuperó gracias a los cuidados hidropáticos y las dietas de su marido.

Abstinencia sexual

Realmente la vida que Gandhi quería llevar era una vida espiritual y para ello veía necesario renunciar a cualquier tipo de deseo carnal. En 1906, a la edad de treinta y ocho años, Gandhi tomó la decisión de realizar el voto de castidad y así se lo comunicó a su esposa, que estuvo de acuerdo. En las largas caminatas por los parajes desérticos de los territorios zulúes, durante la revuelta, había tenido tiempo para reflexionar sobre este voto, y allí había tomado la decisión definitiva: ... *comprendí con toda claridad que era algo necesario para alguien que aspirase a servir a la humanidad con toda su alma.* Ya seis años antes Gandhi había tomado la misma decisión, pero según él mismo, no era un verdadero voto de castidad, ya que la finalidad había sido no tener más hijos. Sin embargo, una vez hecho el *brahmacharya*, nunca rompería ese voto. Comenzó a hacerlo efectivo dejando de compartir el lecho con su mujer.

El *brahmacharya* no era simplemente un voto de castidad, era también una forma de control de los sentidos y los pensamientos. Según Gandhi, debía ir siempre acompañado de ayunos, con el fin de lograr este control. Por lo tanto, al mismo tiempo que hizo este voto, Gandhi decidió cambiar también parte de su dieta, primero eliminaría de ella la leche y las hortalizas y más tarde los cereales, con lo que su alimentación quedaría finalmente reducida a la fruta (plátanos, dátiles y limones), frutos secos y aceite de oliva. Todos estos cambios en su vida le iban conduciendo, poco a poco, al *satyagraha*.

En un primer momento, tanto el voto de castidad como las restricciones en la dieta fueron para Gandhi un método de autopurificación, pero a partir de este momento pasaron a convertirse en «experimentos» hechos con fines religiosos. Al observar que, una vez acostumbrado a la dieta de fruta y frutos secos, era capaz de solazarse con su sabor, decidió ayunar o ingerir solamente una comida al día en los días festivos. También utilizaría el ayuno en el momento en el que había una ocasión para realizar un acto de penitencia; de hecho, como veremos, sería una más de las originales armas que utilizaría contra la violencia. No obstante, llegó a la conclusión de que la comida ingerida tras el ayuno se disfrutaba más, y así cambiaba continuamente de alimento para eliminar el placer de la comida. Para él, la comida no debía proporcionar ningún tipo de placer, simplemente era el combustible del cuerpo y como tal debía ser considerada: *Cada sentido está supeditado al cuerpo y, a través del cuerpo, al alma.*

La Granja Tolstoi

En 1910, el adinerado arquitecto judío Hermann Kallenbach (que participaba en los ayunos y experimentos dietéticos de nuestro protagonista) donó a Gandhi y sus seguidores una finca de 1.000 acres, situada a algo más de 30 km de Johannesburgo, en la que se instalaron y crearon el segundo *ashram*, que recibió, como ya hemos comentado, el nombre de Granja Tolstoi *(Tolstoy Farm)*. Kallenbach fue un amigo y cercano colaborador de Gandhi durante estos años. Más tarde viajaría junto a él a Gran Bretaña y la India.

Todos los habitantes del *ashram* vivían según el principio de que todo lo que no se puede realizar con las manos es superfluo. Se alimentaban únicamente con lo necesario, dentro de un estricto vegetarianismo, y su vestimenta y calzado también estaban reducidos al mínimo. Todos ellos, incluido Gandhi, realizaban todo tipo de oficios manuales: confección y reparación de zapatos, trabajos de carpintería, tareas domésticas como lavar la ropa, planchar, cocinar, limpiar, etc. Gandhi, además de realizar todos estos trabajos, en el año 1912 renunció a toda propiedad privada. Un dato importante, que da fe de la tolerancia defendida por Gandhi, es el hecho de que en la Granja Tolstoi había miembros musulmanes, cristianos y parsis. Gandhi siempre les animó a seguir fielmente los preceptos de cada una de estas religiones.

Según sus palabras, *la Granja Tolstoi era una familia, en la que yo ocupaba el lugar del padre*. Ejerciendo ese papel de padre, tomó bajo su responsabilidad la educación de los más jóvenes. Allí se aprendía hindi, tamil, gujarati e urdu, según la lengua vernácula de cada uno de los niños, e inglés. Además, los hindúes gujaratis aprendían también sánscrito, con el fin de poder leer las escrituras sagradas hindúes. Otras materias eran historia, geografía y aritmética, aunque, al carecer de libros de texto, era difícil impartir tales asignaturas. El propio Gandhi se encargó de dar clase de tamil y urdu, aunque siempre reconoció sus escasos conocimientos de ambas lenguas. Para él, la educación de los jóvenes, tanto académica como religiosa o física, era fundamental, así como el ejemplo de sus profesores; por eso, en cada tarea encomendada a los niños el profesor tenía la obligación de emprenderla junto a ellos.

Se podría achacar a Gandhi que quisiera tomar las riendas de absolutamente todo lo que sucedía en el *ashram:* como él mismo dice, era el *paterfamilias*. Podríamos ver en ello un cierto afán de protagonismo algo impropio en un hindú que propugnaba la humildad; sin embargo, es innegable que su labor fue imprescindible para esta comunidad y que no se arredraba ante ningún tipo de trabajo, por servil que éste fuera.

Sin embargo, a pesar de su compromiso con la vida en el *ashram* Gandhi tuvo que regresar a la vida mundana para ejercer una vez más como abogado y defender los derechos de los indios y los negros. Precisamente en esta época, concretamente en 1910, se estableció, dentro del marco del Imperio Británico, la Constitución de la Unión Sudafricana, federación formada por los estados de El Cabo, Natal, Orange y Transvaal.

Recrudecimiento de la lucha

Finalmente en 1912, tras una serie de conversaciones de Gokhale, que se había trasladado desde la India, con el gobierno sudafricano, se derogó la Ley Negra. Sin embargo, otra de las promesas hechas por el general Smuts a Gokhale, la abolición del impuesto de tres libras que debían pagar los trabajadores eventuales a la entrada del país, no fue cumplida. Pero el pueblo indio aún aguardaba otra provocación: el Tribunal Supremo de Sudáfrica estableció que solamente serían válidos los matrimonios cristianos. Así, todos los matrimonios realizados bajo cualquier otra religión (hindúes, musulmanes o parsis) no eran válidos. Además de esta ley, el gobierno había aprobado otra según la cual todos los ciudadanos no blancos necesitaban un pase especial para cruzar la frontera del Transvaal. Estas dos leyes, especialmente la referente a los matrimonios, unieron a todos los afectados en la misma causa común.

Gandhi decidió esta vez emprender una acción directa, en vez de oponerse pasivamente a acatar la ley. Así, informó al gobierno de que, si no se abolía el impuesto, los mineros indios irían a la huelga. Al no recibir ninguna contestación por parte de Smuts, Gandhi organizó una huelga y una marcha de trabajadores indios de la industria y de las minas. Partieron el 13 de octubre de 1913 de Newcastle, en la región de Natal, descalzos y con muy poca comida. El 6 de noviembre 2.067 hombres, 127 mujeres y 56 niños llegaron a la frontera del Transvaal con la intención de cruzarla y desafiar así la prohibición. Durante la marcha, Gandhi fue detenido varias veces, aunque fue puesto en libertad a las pocas horas, pero finalmente fue llevado ante el juez. Se declaró culpable ante él, del mismo modo que hicieron todos los que marchaban hacia el Transvaal, y fue encarcelado junto a ellos. Permaneció en prisión un mes, en el estado de Orange, desde donde contó con la ayuda de su secretaria, la señorita Schlesin, que se encargó de continuar con la dirección del movimiento desde el *Indian Opinion.*

Semejante represión provocó que a partir de la marcha se uniesen a la huelga el resto de los mineros y los trabajadores de las plantaciones; en total más de cincuenta mil trabajadores, muchos de los cuales fueron encarcelados sin oponer resistencia. El gobierno respondió con una enorme dureza que costó cientos de vidas.

La fuerza de las armas dio a Gandhi la victoria moral. Gracias a la repercusión mundial que tuvo la marcha, su encarcelamiento y la posterior represión, Gandhi logró su primera gran victoria a través de la no-violencia. El gobierno británico, temiendo la publicidad negativa, decidió poner en libertad a Gandhi y varias semanas más tarde, ya en 1914, el gobierno sudafricano anunció la llamada «Ley de Desagravio Hindú». En ella se reconocían los matrimonios no cristianos y se eliminaba el pase para cruzar la frontera. Gandhi llamó al decreto que anunció la anulación de dichas leyes *la Carta Magna de los indios de Sudáfrica,* que también recibió el nombre de pacto *Gandhi-Smuts,* ya que había sido el propio general Jan Smuts el que había propuesto al gobierno británico la libertad de Gandhi. Smuts, a pesar de que, como confesó él mismo, el destino le había obligado a ser oponente de Gandhi, le profesó siempre un profundo respeto y admiración. Al salir de prisión, Gandhi le regaló unas sandalias que había fabricado durante su encarcelamiento. Smuts las llevó durante años; sin embargo, en el año 1939 se las devolvió junto con una carta en la que decía: *He usado estas sandalias durante muchos años, aunque no me considero digno de llevar los zapatos de un hombre tan grande.*

La Primera Guerra Mundial

Gopal Krishna Gokhale, gurú político de Gandhi, le pidió que regresara a la India, pasando previamente por Londres, donde él se encontraba en aquel momento. El 18 de julio de 1914, tras ventiún años de estancia en Sudáfrica, Gandhi se puso en camino junto a su mujer y Kallenbach con rumbo a Gran Bretaña, donde se encontrarían con Gokhale. Detrás de sí dejaba una magnífica reputación que precedió a su llegada a la India. Sin embargo, a largo plazo se constataría que su victoria no sería más que algo puntual ya que las conquistas logradas se terminaron perdiendo, sobre todo porque a su partida ningún líder tomó las riendas de la lucha por los derechos de la comunidad india en Sudáfrica. Las políticas de los sucesivos gobiernos se convertirían en más y más racistas.

Al paso del barco por Madeira, en el Atlántico, se enteraron de que la situación en los Balcanes era muy tensa y era muy probable que la guerra estallara de un momento a otro, cosa que sucedió cuando estaban entrando en el Canal de la Mancha. El barco tuvo que parar, ya que cabía la posibilidad de que chocaran con alguna mina submarina. Finalmente se puso en marcha y, dos días después, arribó al puerto de Southampton, en el sur de Inglaterra, el 6 de agosto. La guerra había sido declarada dos días antes.

A su llegada a Londres, supo que Gokhale estaba en París, donde se había trasladado por motivos de salud, y no podía regresar a Gran Bretaña, ya que las comunicaciones entre los dos países estaban cortadas. Los planes de Gandhi eran viajar a la India tan pronto como fuera posible, pero no quería abandonar Londres sin haber visto a Gokhale.

Muy preocupado por la guerra, se preguntó qué debía hacer con respecto a ella. Al igual que sucedió en la guerra contra los boers, Gandhi consideraba que su deber y el de sus compatriotas indios era ponerse del lado del Imperio Británico en esta guerra, aun cuando su filosofía rechazara totalmente el uso de la violencia. *Pensaba que las necesidades británicas no debían ser convertidas en nuestra oportunidad, y que era mejor y más honesto no presionar con nuestras demandas hasta que la guerra terminase [...]. Tenía la esperanza de mejorar mi situación y la de mi pueblo a través del Imperio Británico.* Como vemos, la idea de una India independiente de Gran Bretaña no era aún su objetivo.

El propio Mohandas Gandhi ingresó como voluntario en el ejército y animó a sus compatriotas a que hicieran lo mismo. Confiesa en sus memorias que hubo *una buena respuesta* a esta demanda. Se apresuró a escribir a Lord Crewe (el entonces Secretario de Estado para las Colonias), expresando su voluntad de participar en la guerra como sanitario y solicitándole que proporcionara el entrenamiento adecuado para todos los indios que, al igual que él, se habían presentado voluntarios. El entrenamiento, al que asistieron unas ochenta personas, duró unas seis semanas y cubría toda la asistencia sanitaria básica. Una vez finalizado, los asistentes fueron examinados y sólo uno suspendió. Todos los que aprobaron recibieron también instrucción militar.

Sarojini Naidu

Durante el tiempo que duró este entrenamiento, también colaboró con la causa militar a través del Lyceum, un club de mujeres que cosía uniformes para los soldados. Allí conoció a Shrimati Sarojini Naidu, una de las mujeres del Lyceum, a quien puso en contacto con numerosos amigos que ayudaron cosiendo uniformes. Sarojini Naidu sería posteriormente una de sus colaboradoras más cercanas. Era una poetisa hindú que desde joven había desafiado las injusticias de su religión y las tradiciones de su país. Era famosa en toda la India, ya que a los doce años había aprobado el examen de ingreso de la Universidad de Madrás. A los quince años quiso casarse con un hombre perteneciente a una casta inferior a la suya, a lo que se opusieron ambas familias. Para evitar la boda, su familia la envió contra su voluntad a estudiar a Londres. Pero cuando regresó, en 1898, para escándalo de toda la India, cumplió su deseo y se casó con el Dr. Naidu. En 1905 había publicado su primer libro de poemas, que expresaban en inglés el modo de sentir propio de los indios. Tras conocer a Mohandas Gandhi, empleó todas sus fuerzas en la lucha por la independencia de la India. Como relataremos más adelante, viajaría por toda la India junto al Padre de la Patria, despertando la conciencia de las mujeres y haciéndoles partícipes del momento histórico que estaba viviendo su país.

Sarojini Naidu fue una mujer inteligente y muy valiente que transmitía una gran fuerza vital. Su activismo se centró no solamente en la independencia de su país sino también en la liberación de la mujer india, fundamentalmente a través de la educación de las mujeres. Es necesario señalar aquí que en la lucha por la independencia trabajaron por primera vez hombres y mujeres indios unidos por una causa común.

Fue una estrecha colaboradora de Gandhi, hasta el punto de viajar en su nombre a Estados Unidos para transmitir allí su mensaje de no-violencia en el año 1928 e incluso participó junto a él en la Conferencia de la Mesa Redonda, que se celebraría en Londres en 1931. En 1942 fue encarcelada por su participación en la campaña *Quit India*. Tras la independencia de la India, sería la primera mujer en ocupar el cargo de gobernadora en un estado, concretamente el de Uttar Pradesh, situado al norte del país, junto a la frontera con Nepal. Sería gobernadora hasta su muerte, acaecida en 1949.

Polémica

Pronto los compañeros de Gandhi en Sudáfrica tuvieron noticia de su colaboración con el ejército británico y le telegrafiaron objetándole que no era coherente con sus ideas pacifistas y su defensa de la no-violencia. No era una cooperación violenta, en el sentido de que no se había presentado voluntario como soldado, sino como sanitario, y no atentaría contra ninguna vida humana, sino todo lo contrario. Sin embargo, en Sudáfrica siempre había reconocido que la guerra era inmoral. ¿Cómo podía ahora participar activa y directamente en una guerra en la que ni siquiera su país estaba involucrado?

En sus memorias o, como él mismo las tituló, *Mis experimentos con la verdad*, Gandhi expone las razones que dio a sus compatriotas para justificar su colaboración con el ejército británico, que califica de *dilema espiritual*. Aunque la cita pueda resultar excesivamente larga, merece la pena reproducir aquí sus palabras:

> *Yo tenía claro que la participación en la guerra no podía ser consecuente con la* ahimsa [no-violencia]. *Pero uno no tiene siempre claro cuál es su obligación. Alguien que busca la verdad a menudo debe caminar a tientas en la oscuridad.*
>
> Ahimsa *es un principio muy amplio. Somos mortales indefensos atrapados en una conflagración de* himsa [violencia]. *El dicho de que la vida vive en la vida tiene un profundo significado. El hombre no puede vivir ni un solo momento sin cometer* himsa *externa consciente o inconscientemente. El mero hecho de vivir, comer, beber*

y moverse necesariamente implica himsa, *destrucción de la vida, por minúscula que ésta sea. Por lo tanto un devoto de la* ahimsa *permanece fiel a su fe si el motor de todas sus acciones es la compasión, si evita en todo lo que puede la destrucción de la criatura más pequeña, la intenta salvar y de esta manera lucha incesantemente para liberarse de la espiral mortal de la* himsa. *Su auto-control y su compasión crecerán constantemente, pero nunca podrá liberarse enteramente de la* himsa *exterior.*

Por lo tanto, dado que la ahimsa *esencial es la unidad de toda la vida, el error de un individuo puede afectar a todos, y de ahí que el hombre no pueda liberarse completamente de la* himsa. *Mientras siga siendo un ser social, no podrá más que participar de la* himsa *que implica la existencia misma de la sociedad. Cuando dos naciones se encuentran en guerra, el deber de un devoto de la* ahimsa *es detener esa guerra. Aquel que no se sienta con fuerzas para realizar ese deber, aquel que no tenga la fuerza para oponerse a la guerra, aquel que no esté capacitado para oponer resistencia a la guerra, puede tomar parte en la guerra, y aún así, con todo su corazón, intentar liberarse a sí mismo, a su nación y al mundo de la guerra.*

Deseaba mejorar mi situación y la de mi pueblo a través del Imperio Británico. Durante mi estancia en Inglaterra, disfrutaba de la protección de la flota británica y yo, amparado por su poder armado, participaba directamente de su violencia potencial. Por lo tanto, si deseaba mantener mi relación con el Imperio y vivir bajo su bandera, se abrían tres posibles caminos ante mí: podía declarar resistencia abierta a la guerra y, de acuerdo con la ley de la satyagraha, *boicotear al Imperio hasta que cambiara su política militar; podía intentar que me encarcelaran por desobediencia civil [...] o podía participar en la guerra del lado del Imperio y así adquirir la capacidad para poder resistir la violencia de la guerra. Yo carecía de esta capacidad, ya que pensaba que la única solución era servir en la guerra.*

Vistiendo a la usanza hindú, acompañado de su esposa, como símbolo de su lucha nacionalista.

Aún hoy estos argumentos pueden seguir pareciendo un tanto espurios y quizá sea este el punto más polémico de toda la biografía de Mohandas Gandhi. Después de estos argumentos, Gandhi afirma: *...aquellos que se limitan a atender a los heridos en el campo de batalla no pueden ser absueltos de la culpa de la guerra.* Tras tan tajante afirmación, cabría pensar que él mismo se declara culpable por su participación en la guerra; sin embargo, pocas líneas más adelante, manifiesta: *Discutí estas opiniones con varios amigos, y saqué la conclusión de que mi deber era servir en la guerra. Incluso hoy no veo ningún error en esta línea de argumento ni lamento mi acción, ya que mantengo, al igual que entonces, una opinión favorable sobre mi relación con Gran Bretaña.* Realmente, estas afirmaciones constituyen una gran contradicción que contrasta extrañamente con la línea de acción y pensamiento que caracterizó toda la vida de Mohandas Gandhi.

A pesar de todo lo anterior, esta polémica provocada por su intención de participar (aunque fuera como sanitario) en la Primera Guerra Mundial se ve minimizada por el hecho de que, finalmente, nunca llegó a tomar parte en ella, aunque fuera por circunstancias ajenas a su voluntad. Como comentamos más arriba, tras la formación sanitaria, los voluntarios pasaron a realizar un entrenamiento militar. Este entrenamiento incluía marchas y acampadas al aire libre que minaron la salud, debilitada por aquel entonces, de Gandhi, que acabó contrayendo pleuresía, una inflamación de la membrana que recubre los pulmones. En ese estado no pudo continuar el entrenamiento y regresó a su casa mientras el resto de los voluntarios permanecieron allí.

Siguiendo sus convicciones vegetarianas y confiando plenamente en la naturopatía, probó varias dietas que incluían fruta, verdura, frutos secos y aceite de oliva. En vista de que su estado no mejoraba, los médicos le aconsejaron que tomara leche, a lo que él se negó, contradiciendo incluso a Gokhale, a quien tanto admiraba y que le aconsejó que siguiera las recomendaciones de los médicos. El tiempo pasaba y su estado no sólo no mejoraba, sino que cada vez empeoraba más. Por lo tanto, la recomendación médica fue que regresara a la India lo antes posible, ya que el clima de Londres sólo podía contribuir a su empeoramiento, mientras que el calor era lo único que le mejoraría.

Esta vez aceptó el consejo de los médicos y se dispuso a viajar a su país natal después de diez años. Kallenbach deseaba ir a la India junto a Gandhi; sin embargo, la estricta vigilancia de las fronteras en período de guerra impidió que le expidieran el pasaporte. Finalmente tuvo que regresar a Sudáfrica mientras Gandhi y su esposa viajaron a la India. Querían hacer el viaje en tercera clase, pero no encontraron pasajes y tuvieron que viajar en segunda. Conforme el barco viajaba hacia el sur y entraba en el Mediterráneo, Gandhi fue sintiéndose cada vez mejor, hasta el punto de que se quitó pronto la escayola que le habían puesto los médicos alrededor de las costillas.

Durante el viaje, fue captando el ambiente que encontraría en la India, muy diferente del que había vivido en Sudáfrica. En su país, las diferencias entre colonizadores y colonizados eran muy marcadas, y eso se reflejaba en el trato que tenían los británicos hacia él en el barco. Pronto descubriría que su labor iba a consistir en luchar contra esas diferencias.

V.   LUCHA EN LA INDIA

El 9 de enero de 1915, a la edad de cuarenta y cinco años, regresó a su país natal, donde fue recibido al desembarcar en Bombay por una gran multitud que conocía su labor en Sudáfrica y veía en él a un héroe. Ya vestía el atuendo con el que pasó a la posteridad, el *dhoti* de algodón indio alrededor de la cadera que vestía desde que comenzó la *satyagraha* en Sudáfrica, aunque se cubría también con una camisa y un gorro blanco. Incluso en Inglaterra había vestido al modo de los campesinos indios, aunque sólo de puertas para adentro.

En la India tenía previsto encontrarse con sus compañeros del *ashram* de Phoenix, que habían viajado desde Sudáfrica y con quienes pensaba convivir en un nuevo asentamiento. Debido al retraso en su viaje provocado por la guerra, ellos habían llegado antes y le esperaron en el extremo más oriental de la India, en el *ashram* de Shantiniketan (fundado en el siglo XIX por el padre de Rabindranath Tagore). Gandhi se encontraría con ellos después de reunirse en Puna (ciudad cercana a Bombay) con Gokhale, a quien le expresó su deseo de fundar un *ashram* en Gujarat. Gokhale financió ese primer *ashram* fundado por Gandhi en la India pero desgraciadamente fallecería poco tiempo después.

La intención de Mohandas era viajar durante un tiempo por todo el país (así se lo había prometido a Gokhale) para conocer la verdadera realidad del pueblo indio. En los meses que durara el viaje no realizaría ningún acto político, se limitaría a observar las necesidades del país y, una vez pasado ese período de tiempo, fundaría el nuevo *ashram* y comenzaría a realizar acciones políticas y sociales en beneficio de los indios.

Durante los meses que pasó viajando por el país, siempre en trenes de tercera clase, Gandhi, además de tomar contacto con la realidad de las clases más desvaforecidas, conoció a muchas personalidades del mundo de la política y la cultura indias. Entre ellos estaba Rabindranath Tagore, poeta indio al que se había otorgado el Premio Nobel de Literatura en el año 1913. Fue precisamente Tagore el que le puso el sobrenombre de *Mahatma,* «alma grande», concretamente le describió como un *alma grande vestida de campesino,* y a partir de ese momento ese sobrenombre permanecería para siempre unido al de Gandhi. Pronto la India y, más tarde, el mundo entero, le conocería como el *Mahatma,* no sin cierto pesar por su parte, ya que no se consideraba merecedor de semejante halago.

Es necesario explicar aquí que los viajes de Gandhi fueron extremadamente duros. No sólo por las enormes distancias que recorrió de un extremo a otro del subcontinente indio (por ejemplo, de Puna, situada cerca de la costa occidental, hasta Rangún, capital de la actual Myanmar —antigua Birmania—, más allá del Golfo de Bengala) sino también por la incomodidad que suponía realizar esos viajes en tercera clase. Además de los abusos de los revisores de los trenes, debía soportar las duras condiciones que se vivían en dichos vagones:

> *… la grosería, los sucios hábitos, el egoísmo y la igno-rancia de los pasajeros no son menos culpables* [de las condiciones de los vagones]. *Por desgracia, normal-mente no se dan cuenta de su mal comportamiento, su suciedad o su egoísmo. Creen que lo que hacen es natu-ral. La culpa de todo esto es de la poca atención que les prestamos nosotros, la gente «educada».*

En ocasiones realizó viajes en vagones destinados al transporte de mercancías o ganado. No tenían techo y el suelo era de metal, por lo que las temperaturas que tenían que soportar durante el día eran realmente abrasadoras.

El *ashram* en la India

El 25 de mayo de 1915 Gandhi fundó el nuevo *ashram,* al que dio el nombre de Satyagraha, en Ahmedabad, capital del estado de Gujarat. Estaba situado en un antiguo centro de tejedores manuales, ya que el *Mahatma* quería revivir la costumbre del hilado manual.

94

Su intención era crear una comunidad modelo para establecer un nuevo orden social en su país. En un principio eran solamente veinticinco personas que formaban una gran familia y ocupaban su tiempo entre el estudio, la oración y trabajos artesanales con el objetivo de lograr prescindir de todo aquello que fuera superfluo a través de una vida humilde. También ayudaban a los habitantes de Ahmedabad, ya que el servicio a los demás era una de sus prácticas.

Una vez en el *ashram,* Gandhi se propuso no volver a comer más de cinco alimentos diferentes en el mismo día y no comer nunca después de la puesta de sol, ni siquiera bajo prescripción médica.

Pocos meses después de haberse instalado allí, recibieron una carta en la que una familia de intocables, formada por un matrimonio y su pequeña hija, les solicitaba ingresar en el *ashram.* Todos los miembros tomaron la decisión de aceptarles, siempre y cuando acataran las normas según las cuales allí se vivía. Sin embargo, esto trajo al *ashram* no pocos problemas, ya que la gente de Ahmedabad se negaba a tratar con intocables. Sin embargo, la determinación de Gandhi y sus seguidores acabó convenciendo a todos de los derechos de los intocables.

Primer discurso político

El 4 de febrero de 1916 fue inaugurada la Universidad de Benarés, bajo la dirección de Annie Besant, pacifista inglesa firme partidaria de la independencia de la India. Era miembro de la Sociedad Teosófica y del Congreso Nacional Indio, del que sería Presidenta en 1917, a pesar de su avanzada edad. En aquel entonces Besant tenía casi setenta años, y durante toda su vida había trabajado sin descanso desarrollando sus ideas teosóficas y luchando por los derechos de la mujer.

A dicha inauguración fue invitado Mohandas Gandhi, y allí protagonizó un sonado escándalo al criticar a todos los presentes, entre los que se encontraba el virrey de la India, Lord Hardinge, además de numerosos altos funcionarios y maharajás cubiertos de joyas. Gandhi comenzó su discurso, el primero verdaderamente nacionalista, con estas palabras: *Poderosos, príncipes y gobernantes, yo os pido que abandonéis vuestros lujos y que compartáis con los pobres cuanto tenéis. Nosotros celebramos un simple acto mientras millones de indios mueren y esperan que hagamos algo por ellos.*

Vemos que el *Mahatma* ya estaba completamente dedicado a la causa de la independencia de su país por la vía del pacifismo y la defensa de los más débiles, y en ese sentido utilizaba su fama como personaje público. Además, la postura de Gandhi se había radicalizado: su consideración acerca del Imperio Británico había cambiado. En este discurso habló de autogobierno, algo que nunca antes había mencionado.

Además de solicitar a los presentes que compartieran sus riquezas, Gandhi manifestó su desconfianza hacia los intelectuales y poderosos. Según él, el futuro de la India estaba en manos de los campesinos y no de las capas altas de la sociedad. También se pronunció a favor del uso de las lenguas nativas en lugar del inglés:

> *Es una profunda fuente de humillación y de vergüenza para nosotros que yo me vea obligado a dirigirme a mis compatriotas en una lengua que me es extraña. Nuestra lengua es el reflejo de nosotros mismos. Si en el curso de los últimos cincuenta años hubiéramos sido instruidos en nuestros dialectos, viviríamos hoy en una India libre y nuestros compatriotas eruditos no serían como extranjeros en su propio país.*

No se limitó a culpar a los dominadores extranjeros de la situación de su país, se dirigió directamente a sus compatriotas haciéndoles responsables del lamentable estado en el que se encontraban, por ejemplo, los lugares santos de la India. Afirmó que los indios debían poner en orden su propia casa antes de pensar en echar de allí a los ingleses. El discurso de Gandhi resultó muy agresivo para muchos de sus compatriotas: *No habrá documento alguno que pueda darnos el autogobierno. Y tampoco los numerosos discursos nos harán jamás aptos para el autogobierno. Tan sólo nuestra conducta nos hará merecedores de él.* Los príncipes y autoridades presentes en aquel acto se marcharon indignados después del discurso de Gandhi; los únicos que se quedaron a escucharle fueron algunos estudiantes de la Universidad, que comenzaron a expresar en voz alta su opinión, unos a favor de Gandhi y otros en contra. Finalmente, Annie Besant le ordenó que callara y terminó aplazando el acto.

En el mismo año, en 1916, también expresó sus ideas sobre economía y progreso: *No se puede servir a Dios y al dinero. Los pueblos europeos gimen aplastados por un dios monstruoso: el materialismo. Su crecimiento moral se ha estancado y miden su progreso en libras, chelines y peniques. La meta de todos es alcanzar el nivel de vida americano... El progreso técnico trae la decadencia moral.*

Telares manuales

Gandhi había aprendido a utilizar la rueca de hilar en la Granja Tolstoi. Según confesó años más tarde, no recordaba siquiera haber visto un telar manual o una rueca antes de 1908, y ninguno de los otros habitantes del *ashram* sabían hilar ni tejer. Contrataron a un tejedor para que les enseñara el oficio y pronto Maganlal, sobrino de Gandhi, dominó el arte de tejer y comenzó a enseñar a los demás.

En el *ashram,* como ya hemos dicho anteriormente, el objetivo era ser autosuficientes, lo que incluía que los que allí vivían debían producir también su propia vestimenta. Más tarde, como veremos, el *Mahatma* convertiría la rueca en un símbolo de autosuficiencia e independencia económica y política. Este símbolo ha trascendido hasta el punto de formar parte de la bandera de la India.

Impuesto de tres libras

Ya hemos comentado anteriormente la lucha de Mohandas Gandhi por la supresión del injusto impuesto de tres libras que debían pagar todos los indios que desearan instalarse en Sudáfrica.

En 1916 las autoridades británicas se habían comprometido a abolir el impuesto, pero no habían concretado el momento en el que sucedería. Se sospechaba que con ese incierto compromiso el gobierno sólo pretendía seguir prolongando la situación durante un tiempo indefinido.

Gandhi decidió movilizar al pueblo indio para que presionaran a las autoridades. Viajó por todo el país reuniéndose con representantes de todo tipo de asociaciones y se fue desatando un entusiasmo mucho mayor del que Gandhi había esperado. Finalmente logró, además del apoyo de todo el pueblo, una entrevista con el virrey Lord Chelmsford y el impuesto fue derogado. Fue en 1894 cuando esta lucha había comenzado y el 31 de julio de 1917 el impuesto fue abolido totalmente. Habían pasado veintitrés años.

Pero incluso antes de la abolición del impuesto Gandhi logró dos importantes victorias mediante la aplicación de la *satyagraha*. Con gran acierto supo aprovechar las oportunidades que se le presentaron y logró así dos grandes éxitos ante dos poderosos enemigos: los terratenientes británicos y los patronos de la industria textil india.

La guerra del índigo

En diciembre de 1916, Mohandas Gandhi asistió a una reunión del Congreso que se celebraba en Lucknow, ciudad situada en Bihar, región del norte del país junto a la frontera con Nepal. Al congreso acudieron Tilak, Annie Besant y Mohammed Alí Jinnah, que asistía como delegado de la Liga Musulmana. Este último, que sería el primer Presidente del estado de Pakistán, había estudiado Derecho en Gran Bretaña, al igual que Gandhi, y había formado también parte del Congreso. La Liga Musulmana se había fundado en 1906 para salvaguardar los derechos de los musulmanes en un país con mayoría hindú. En un principio los británicos apoyaron la Liga como oposición al Congreso, pero pronto, en el año 1913, la independencia pasó a ser una de las prioridades de la Liga y así se desligaron de los británicos.

El Pacto de Lucknow es el nombre que recibió el compromiso entre hindúes y musulmanes por luchar unidos por la independencia de la India. Años más tarde, este pacto demostraría su escasa validez. Pero esta reunión resultaría también importante por otras razones, entre ellas porque allí se conocieron Gandhi y Jawaharlar Nehru, hijo de Motilal y futuro Primer Ministro de la India. Y además en Lucknow el Mahatma conoció a un campesino llamado Rajkumar, que le rogó que viajase a Champaran, pequeña localidad a los pies del Himalaya, cerca de Nepal, porque quería exponerle los problemas que allí se vivían. A comienzos del año 1917 Gandhi viajó a Champaran junto a algunos de sus colaboradores.

Desde hacía más de cien años, los campesinos de aquella región, que trabajaban tierras arrendadas, estaban obligados por ley a plantar, además de sus cultivos, una proporción de índigo (tres partes de cada veinte de cualquier otro cultivo). El índigo, también conocido como añil, era una planta muy utilizada en la industria textil, ya que de ella se extrae un tinte muy cotizado. Sin embargo, en los últimos años, la aparición de la anilina, un tinte extraído de la hulla, había hecho bajar el precio del índigo y los terratenientes habían aumentado los impuestos con el fin de paliar de algún modo sus pérdidas. Esta obligación se añadía a otro tipo de impuestos, con lo cual la vida de los campesinos, ya dura de por sí, se hacía aún más difícil.

Gran Bretaña compraba el algodón teñido de índigo a los campesinos a un precio bajísimo. Estas materias primas se enviaban a las fábricas textiles de Lancashire y allí se manufacturaban. Una vez completado el proceso, eran exportadas de nuevo a la India, donde se vendían a precios altísimos, verdaderamente prohibitivos para la mayor parte de la población nativa.

Desde el primer momento Gandhi se dio cuenta de que la idea propuesta por los representantes de los campesinos, ir a los tribunales, no daría resultado. Había que buscar otro método para lograr sus objetivos. Así, comenzó a escribir cartas a las autoridades quejándose por la situación de los campesinos y al mismo tiempo empezó a recopilar información sobre los abusos de los hacendados. Para ello realizó entrevistas a todos aquellos campesinos que tenían algo que decir al respecto. Cuando tuvieron conocimiento de estos hechos, las autoridades comenzaron a incomodarse, por lo que le exigieron que abandonara la región para evitar así conflictos. No hizo caso alguno de la advertencia y finalmente fue detenido.

Champaran, al encontrarse tan alejada de los centros de poder de la India, no tenía noticias de la lucha iniciada por Gandhi. Ni siquiera se conocía allí su nombre. Sin embargo, en cuanto los campesinos supieron que un desconocido se enfrentaba a la cárcel por defender sus derechos, llenaron literalmente las calles. Este gesto conmovió a Gandhi, que en sus memorias afirmaría: *No es una exageración, sino la pura verdad, decir que en aquel encuentro con los campesinos me encontré cara a cara con Dios, la* Ahimsa *y la Verdad.*

Durante el juicio, al igual que había hecho en Sudáfrica, se declaró culpable ante los tribunales. En su alegato estableció que no quería *obtener una reducción de la pena, sino señalar que he desobedecido la orden que se me hizo llegar no por querer faltar al respeto de la autoridad legal, sino en obediencia a la ley más importante de nuestra vida: la voz de la conciencia.* Antes de que el juez dictara sentencia, Gandhi recibió una comunicación por escrito en la que se le informaba de que el subgobernador del estado había ordenado que se cerrara el caso. Se había logrado el primer triunfo de la desobediencia civil. Los periódicos dieron una gran publicidad al caso y pronto todo el país conoció la noticia.

La importancia de la educación

Gandhi y sus colaboradores permanecieron en Champaran durante varios meses y durante el tiempo que estuvieron allí no se limitaron a luchar por la abolición del impuesto del índigo, también fundaron escuelas primarias en seis localidades próximas. Los profesores no cobraban nada, enseñaban a los niños a cambio de comida y alojamiento. El propósito de las escuelas no era tanto enseñar a los niños a leer y a escribir como hacerles comprender la importancia de la higiene y las buenas maneras, además de proporcionarles un modelo moral que seguir. Gandhi solicitó profesores y viajaron hasta Champaran voluntarios desde el *ashram* Satyagraha e incluso desde Bombay y Puna. Entre ellos se encontraba Kasturbai, la esposa de Gandhi y Devdas, su hijo menor. Además de Kasturbai, otras mujeres trabajaron como profesoras voluntarias. Gracias a ellas, se conseguía también educar a las madres de los niños que asistían a las escuelas.

Gandhi siempre consideró que la educación era fundamental, nadie podría mejorar su vida ni ser independiente ni autosuficiente sin la adquisición de unas nociones básicas, especialmente la higiene. Había observado que los pueblos se encontraban llenos de basura, los pozos estaban llenos de barro y las letrinas eran totalmente insalubres. Por eso también solicitó los servicios de médicos voluntarios, no sólo para las necesidades médicas de la población, sino también para que adiestraran a todos los campesinos en las medidas básicas de higiene.

El pensamiento de Henry D. Thoreau, como el de Ruskin, entre otros, influyó en la doctrina de Gandhi.

El *Mahatma* no sólo se centró en la educación como fuente de adquisición de conocimientos. Para él la formación también incluía una educación espiritual, por eso también enseñó a los campesinos de Champaran sus preceptos filosóficos y cómo luchar por sus derechos de forma no-violenta. Así, en los enfrentamientos con la policía, los campesinos no devolvían las agresiones recibidas por los agentes.

Finalmente, el subgobernador del estado llegó a un acuerdo con Gandhi y formó un Comité (en el que Gandhi estaba incluido) para investigar los abusos denunciados por él. Gracias al comité se reconocieron los derechos de los campesinos: se abolió la obligación de plantar índigo para los patronos y éstos se vieron obligados a devolver a sus trabajadores el 50 por ciento de los impuestos recaudados injustamente.

Primera huelga de hambre

Precisamente en el mismo año en que se libró la «batalla del índigo», los obreros de las fábricas textiles de Ahmedabad, la ciudad en la que estaba situado el *ashram,* solicitaron a Gandhi que les ayudara a conseguir un salario más digno.

A Gandhi se le presentó un grave problema moral, ya que el dueño de la fábrica, Alambalal Sarabhai, era un gran amigo suyo. Sarabhai era una de los hombres más influyentes de la India y además, tras la muerte de Gokhale, era una de las personas que financiaba los gastos del *ashram,* que ascendían a 50.000 rupias. Sin embargo, a pesar de todo esto, aconsejó a los obreros que fueran a la huelga. Incluso la hermana del dueño de la fábrica se unió a la lucha de los obreros. Gandhi dio cuatro consejos a los huelguistas: *1) no recurrir nunca a la violencia; 2) no molestar nunca a los esquiroles; 3) no depender nunca de la caridad; 4) permanecer firmes por mucho que se prolongue la huelga y ganarse el sustento, durante el tiempo que dure, mediante cualquier otro trabajo honrado.*

Durante la huelga se presentó un importante problema en el *ashram* que obligó a su traslado: en la cercana localidad de Kochrab había estallado una epidemia de peste y era peligroso vivir cerca, sobre todo habiendo niños pequeños allí. Gandhi buscó el lugar más apropiado para trasladarse, que debía estar a una distancia segura de Kochrab pero no tan lejos como para impedir frecuentes viajes a la ciudad. Finalmente se establecieron en un terreno a unos 5 ó 6 km al norte de Kochrab, cerca de la Cárcel Central de Sabarmati. Gandhi sabía que su lucha les llevaría en un momento u otro a prisión, por lo tanto sería cómodo que sus seguidores vivieran cerca del lugar donde algunos de ellos serían en algún momento encarcelados. Además, las cárceles suelen edificarse en terrenos limpios, por lo que el lugar le agradó especialmente.

Poco a poco, la determinación y la confianza con las que habían iniciado sus reivindicaciones fueron perdiendo fuerza y los huelguistas llegaron incluso a amenazar a los que seguían trabajando. Ante esta situación, Gandhi anunció que comenzaría una huelga de hambre: estaba dispuesto a no ingerir ningún alimento hasta que los obreros se volvieran a unir para continuar la huelga. Enfrentados con el gran sacrificio que el *Mahatma* estaba dispuesto a hacer por ellos, inmediatamente le pidieron disculpas y decidieron retomar la huelga con la misma determinación que al principio. Gandhi decidió continuar con la huelga de hambre hasta que las reivindicaciones de los obreros fueran atendidas. Pronto comenzaron las conversaciones y, tres días después del inicio de este ayuno, Sarabhai cedió y los salarios de los obreros fueron aumentados. La huelga de los obreros había durado veintiún días. A pesar de la victoria, Gandhi reconoció que este ayuno no había carecido de defectos, ya que precisamente por la amistad que tenía con el dueño, su ayuno había constituido en la práctica un acto de coacción.

Los efectos de esta huelga de hambre fueron más allá de la victoria puntual con la que se consiguió el aumento del salario de los trabajadores. Tras esta huelga se fundó un sindicato, la Asociación de Trabajadores Textiles de Ahmedabad, que aún pervivía en los años 70. Gracias a esta asociación, que utilizaba el sistema de arbitraje propuesto por Gandhi, se consiguieron condiciones laborales mucho mejores que las del resto de industrias textiles indias y además favoreció la solidaridad entre trabajadores.

Ésta fue la primera huelga de hambre como arma política no-violenta de Mohandas Gandhi. Según sus propias palabras, la razón de ser de este tipo de huelga era *imponer al adversario un sentido de urgencia que le impida abstenerse de actuar,* es decir, si el huelguista llegaba a morir o a enfermar a causa de la falta de alimentos, la culpa moral recaía sobre aquéllos a los que quería hacer reaccionar con su gesto.

A lo largo de su vida, Gandhi llevó a cabo hasta dieciséis huelgas de hambre. La última de ellas fue precisamente en 1948, pocos días antes de morir. En dos ocasiones su vida llegó a peligrar, ya que estas huelgas se prolongaron hasta más de dos semanas. Como publicó más adelante en un artículo en el semanario *Young India*, las normas que seguía en sus ayunos eran las siguientes:

> *Para empezar, aproveche toda su energía, tanto física como mental y deje de pensar en la comida mientras ayune. Beber agua fría, tanta como sea posible, con o sin bicarbonato y sal, pero en pequeñas cantidades. Lavarse con agua caliente todos los días y purgarse regularmente durante el ayuno para eliminar todas las impurezas. Dormir al raso y bañarse con el primer sol de la mañana.*

A pesar de la debilidad física que provocaba el ayuno continuado, Gandhi hacía todo lo posible por continuar con sus actividades más habituales, que consistían en hilar en la rueca y estudiar los idiomas urdu y bengalí.

Tras haber solucionado el problema de los obreros textiles, otro grupo de campesinos, esta vez del distrito de Kheda (situado en la región gujarati, a unos 32 km de Ahmedabad), solicitaron al *Mahatma* su ayuda. En dicho distrito, los campesinos estaban obligados a pagar impuestos a los propietarios de la tierra, independientemente de si la cosecha hubiera sido buena o mala. Sin embargo, las leyes establecían que el pago de este impuesto dependía de unos mínimos de cosecha: si no se llegaba a esos mínimos, el campesino estaba liberado del pago. Pero el gobierno se negaba a contabilizar las cosechas y los propietarios obligaban a todos los campesinos a pagar dicho impuesto.

Gandhi aconsejó a los campesinos que se negaran a pagar el injusto impuesto siempre y cuando estuvieran dispuestos a padecer todo lo que esa negativa les deparara. Los agricultores decidieron seguir el consejo de Gandhi y recurrir al *satyagraha*: sus bienes (herramientas y animales) fueron embargados y algunos de ellos fueron incluso encarcelados. Pero al final, gracias a la publicidad que los periódicos dieron a este caso, el gobernador de Kheda decidió librar a los más pobres del pago de este impuesto.

Polémico apoyo

En 1914, con el estallido de la guerra y a pesar de que hubo muchos detractores entre los habitantes de la India, muchos de ellos se enrolaron en el ejército británico. Hasta más de medio millón de indios lucharon en Europa por Gran Bretaña y muchos de los que permanecieron en la India pensaban que semejante sacrificio debía tener una recompensa. De hecho, en 1917, Edwin S. Montagu, Secretario de Estado para la India, había anunciado en la Cámara de los Comunes la creciente incorporación de indios a la administración y la concesión de instituciones *con vistas a una realización progresiva de un gobierno responsable en la India como parte integral del Imperio Británico*. Parecía una promesa del estatuto de Dominio.

En 1918, cuando el conflicto duraba ya cuatro años, Gandhi volvió a apoyar públicamente a Gran Bretaña colaborando con el Imperio en el reclutamiento de soldados. Muchos recriminaron esta actitud a Gandhi, ya que, como hemos dicho antes, no era coherente con su pacifismo y su defensa de la no-violencia. Los que más mostraron su rechazo hacia la actitud de Gandhi fueron los nacionalistas indios, que no apoyaban la guerra, aunque no por motivos estrictamente pacifistas. Alegaban que si la India no era libre, no tenía la obligación de luchar en una guerra que no había elegido.

Sin embargo, el objetivo del *Mahatma* era lograr algo a cambio de su apoyo al Imperio: que a la India le fuera concedido el estatuto de Dominio dependiente del Imperio Británico. Confiaba en que la libertad se podría obtener de forma gradual y pacífica, dentro del marco del Imperio.

El virrey Lord Chelmsford celebró una conferencia sobre la guerra en Delhi (la capital había sido trasladada allí desde Calcuta en 1912), para intentar obtener el apoyo de los líderes indios más destacados. Gandhi acudió a dicha conferencia, no sin antes expresar su descontento al saber que varios de los líderes musulmanes más importantes habían sido excluidos. En aquel momento, consciente de que la lucha entre religiones podría suponer un grave problema para el país una vez superada la lucha por la independencia, uno de sus principales objetivos comenzó a ser el intentar comprender la ideología musulmana con el fin de hallar puntos en común con el hinduismo. Quería así lograr puntos comunes desde los que partir para lograr una unión verdadera entre las dos comunidades religiosas, pero veía la gran dificultad que podría suponer semejante objetivo. Ésta fue la razón por la que intentó favorecer los intereses musulmanes en la reunión con el virrey.

Gandhi solicitó permiso para dirigirse a los asistentes a la conferencia en hindi, y el virrey aceptó. Fue la primera vez en la Historia en que alguien utilizó el hindi en una reunión oficial, algo que le causó gran pesar a Gandhi al saberlo: *Qué tragedia que el idioma del país estuviera prohibido en una reunión celebrada en el país en la que se trabajara para el país...*

Finalmente en la reunión se acordó que los representantes allí presentes se encargarían de reclutar voluntarios para la guerra. Inmediatamente después de la reunión, el *Mahatma* escribió una carta al virrey que también hizo pública. En ella decía:

> *Reconozco que, en la hora de mayor peligro, debemos prestar apoyo voluntario y sin reservas al Imperio, del cual aspiramos a formar parte en un futuro próximo en las mismas condiciones que los Dominios de ultramar. Pero la verdad es que la razón de nuestra respuesta es la expectación de que nuestro objetivo pueda ser logrado lo más rápidamente posible.*

Después del compromiso acordado en la reunión, Gandhi comenzó de nuevo a viajar por todo el país para explicar en las ciudades sus razones para el reclutamiento. Acudía mucha gente a las reuniones por él convocadas pero muy pocos se enrolaban, ya que veían una gran incongruencia en la postura que ahora adoptaba el *Mahatma*. Para animarles, Gandhi presentaba justificaciones tan contrarias, en apariencia, a su pensamiento como afirmar que enrolarse en el ejército era una oportunidad para obtener de nuevo el derecho a poseer armas, que les había sido arrebatado a los ciudadanos indios tras el Motín de los Cipayos acaecido en 1857. A pesar de las reticencias, la insistencia de Gandhi y sus seguidores hizo que finalmente se enrolaran un número importante de personas.

Sin embargo, no llegó el estatuto de Dominio, sino que las aspiraciones independentistas fueron frenadas con la propuesta de una comisión presidida por el juez Rowlatt. Esa comisión, en julio de 1918, recomendó el establecimiento del que luego sería llamado «decreto Rowlatt», que impondría duras y represivas leyes para los independentistas, sobre todo juicios secretos sin posibilidad de apelación para los sospechosos de terrorismo y para todos aquellos que estuviesen en posesión de cualquier documento susceptible de ser considerado sedicioso.

Antes de que finalizara la campaña promovida por Gandhi Alemania fue derrotada y la guerra terminó. Por lo tanto, el destacamento formado por él no llegó nunca a intervenir en la guerra.

A las puertas de la muerte

En medio de los constantes viajes promoviendo el reclutamiento, Mohandas Gandhi contrajo la disentería. En principio fue bastante leve y no le prestó demasiada atención. No tomó ningún medicamento y prosiguió con su incesante labor y sus viajes, de tal modo que pronto su estado se agravó, pero se negó a recibir asistencia médica, ya que consideraba que debía sufrir como penitencia por el error que había cometido al no intentar atajar la disentería desde el principio.

Pronto la enfermedad se agravó y dio paso a una fiebre altísima que incluso le hizo delirar. Los médicos le recomendaron tomar caldo de carne, leche o huevos, pero, a pesar de su debilitado estado, Gandhi se negó a tomar ninguno de los tres alimentos. Intentó varios tratamientos de hidroterapia, incluso uno a base de baños con hielo. Sin embargo, a pesar de experimentar una ligera mejoría, los médicos le aseguraron que no conseguiría recuperarse del todo hasta que no aceptara ingerir, al menos, leche. Gandhi se resistió todo lo que pudo pero, finalmente, decidió atenerse literalmente a la promesa que había hecho de no beber leche: al hacer ese voto tenía en mente únicamente la leche de vaca y de búfala, por lo tanto, podría beber leche de cabra sin faltar a su palabra. Él era consciente de que al hacer su promesa realmente se había referido a la leche de cualquier animal. No obstante, como reconoció más tarde: *el deseo de vivir resultó ser más fuerte que la devoción a la verdad.*

Huelga general

Aún no se había recuperado del todo de su enfermedad cuando el «decreto Rowlatt» entró en vigor el 19 de marzo de 1919. Muchos indios fueron encarcelados, entre ellos el líder nacionalista hindú, Tilak, y Annie Besant. Gandhi se encontraba tan débil que no podía siquiera hacerse escuchar en una reunión, por lo que le tenían que leer sus discursos. Pero su estado de salud no le impidió dirigir una nueva acción de *satyagraha*.

Mohandas Gandhi decidió movilizar a su pueblo e hizo un llamamiento a un *hartal* en todo el país. El *hartal* es una forma tradicional india de protesta no-violenta, equivalente a una huelga general: *Que todo el pueblo de la India suspenda sus actividades en una fecha determinada y observe un día de ayuno y oración*, fue el mensaje de Gandhi. El virrey de la India fue informado por Gandhi de la campaña, algo que continuaría haciendo en sucesivas ocasiones. De esta manera, estas acciones se convertían en una especie de combate ritual regido por ciertas normas de «deportividad», más que ser demostraciones de poder de convocatoria. Se eliminaba la posibilidad de una conspiración, ya que el gobierno británico era informado de todas las campañas y cualquier tipo de represión violenta por su parte se hacía aún más notoria, ya que, al actuar de esta manera tan abierta y clara, Gandhi dejaba siempre abiertas las puertas de la negociación.

El día elegido fue el 30 de marzo de 1919, pero finalmente fue cambiado al 6 de abril. La convocatoria de huelga se extendió pronto por toda la India: los indios de todas las religiones y castas se unieron en la protesta por las leyes injustas y a favor de la independencia de su país. Se suspendió toda actividad en oficinas, comercios, escuelas y transportes. El *Mahatma* lo calificó de *espectáculo maravilloso*.

Se puede considerar que esta huelga es la verdadera entrada de Gandhi en la política india. Su intervención en el conflicto del índigo en Champaran y junto a los trabajadores textiles en

108

Ahmedabad había sido de carácter más bien social. Es en este momento cuando se enfrenta directamente con un problema de tipo político que, al contrario que las anteriores acciones del Congreso Indio, reducidas a los intelectuales, incluye a todas las capas de la sociedad india.

No obstante, esta protesta no fue del todo pacífica: a la ciudad de Delhi no había llegado a tiempo la noticia del cambio de fecha de la huelga, y ésta se celebró el 30 de marzo. Fue seguida por la gran mayoría de la población, tanto hindú como musulmana, que se echó a las calles reivindicando sus derechos. Lamentablemente, la policía abrió fuego contra la manifestación y hubo un gran número de víctimas. Algo parecido sucedió tanto en Lahore como en Amritsar, ciudades ambas situadas en la región del Punjab, al norte de la India. En Amritsar tuvo lugar la represión más dura: el general de brigada Dyer ordenó disparar a la multitud que se manifestaba. Murieron trescientas setenta y nueve personas, entre ellos varios europeos, el número de heridos superó el millar y varios edificios fueron incendiados.

Un error tan grande como el Himalaya

El 6 de abril Gandhi se encontraba en Bombay, donde la huelga fue todo un éxito. En la gran manifestación que recorrió las calles de la ciudad participaron hombres, mujeres y niños. Pronunció un discurso junto a Sarojini Naidu en una mezquita a petición de un grupo de musulmanes. También se preparó un gran número de volúmenes de dos libros de Gandhi que habían sido prohibidos por el gobierno británico y fueron vendidos tras la manifestación. La venta de estos libros era una de las formas más fáciles de ejercer la desobediencia civil y los beneficios fueron destinados a la campaña para futuras acciones del mismo tipo.

Después del éxito de la huelga en Bombay, Gandhi se dirigió hacia Delhi y Amritsar, pero no pudo llegar hasta allí, ya que las autoridades se lo impidieron. Tuvo que quedarse en la región de Gujarat, concretamente en Ahmedabad, ciudad que se encontraba bajo la ley marcial por los disturbios acaecidos allí tras la huelga. Allí comenzó a darse cuenta de que había cometido lo que él mismo consideró *un error tan grande como el Himalaya*. Había lanzado prematuramente la campaña de desobediencia civil, primero el pueblo tenía que aprender que sólo se podían desobedecer ciertas leyes en determinadas circunstancias.

Pero no fueron éstas las peores consecuencias de la lucha independentista: en Amritsar, ciudad sagrada de los sijs, se produjo una verdadera matanza. Más de veinte mil personas se habían congregado el 13 de abril en una plaza para expresar su adhesión a la huelga general y un oficial británico decidió disolver la manifestación utilizando armas de fuego. El trágico resultado fue de más de cuatrocientos muertos. Esta dura represalia contra los sijs fue especialmente injusta, dado que la comunidad sij poseía más del 40 por ciento de las tierras y producía casi las dos terceras partes del total de las cosechas de todo el país. Además, un tercio de los soldados del ejército indio era sij.

En cuanto la ley marcial se lo permitió, Gandhi visitó la ciudad de Amritsar y pudo comprobar con sus propios ojos el alcance de la represión tras la huelga. Cientos de indios, juzgados por delitos mínimos, abarrotaban las cárceles. A partir de este momento, ayunaría todos los 13 de abril en conmemoración de aquella masacre. *Cuando un gobierno toma las armas contra sus súbditos desarmados, ha perdido el derecho a gobernar,* fueron sus palabras. Siempre confió en el poder de la verdad, en la *satyagraha* pero, una vez reconocido su error, el *Mahatma* tomó la decisión de suspenderla hasta que el pueblo entendiera que era un ejercicio de paz. Para ello, sería necesario crear un grupo de voluntarios con tanta buena disposición como entrenamiento que fueran capaces de entender las condiciones exactas en las que la desobediencia civil es posible. Estos voluntarios adiestrarían al pueblo y serían los vigilantes de la *satyagraha*.

No obstante, a pesar de la gran desgracia que Gandhi consideró como un error propio, se había logrado algo positivo con el *hartal*. Hasta ese momento, el concepto de independencia se barajaba únicamente en los círculos más ilustrados de la sociedad india. Pero, a partir de entonces, las clases más bajas eran conscientes de que estaba en sus manos luchar por el autogobierno de su país y el fin del dominio de los británicos. Además, éstos habían demostrado que su dominación se basaba exclusivamente en la fuerza bruta y tras la huelga general tuvieron que moderar su postura. Por lo tanto, el «decreto Rowlatt» nunca llegó a entrar en vigor. La victoria moral estaba en manos de los seguidores de Gandhi.

VI. NO-COLABORACIÓN Y BOICOT

Los sucesos de Amritsar precipitaron la entrada definitiva de Gandhi en el Congreso y fue en una reunión celebrada precisamente en esta ciudad y presidida por Motilal Nehru donde comenzó a perfilar las bases del movimiento de no-cooperación o no-colaboración con el gobierno británico. Sus posturas con respecto a éste habían cambiado y ahora sí consideraba necesaria la independencia, por lo que en abril de 1920 fue elegido presidente de la *Home Rule League*, la Liga de la Independencia. La labor de Gandhi, que contemplaba no sólo las reivindicaciones de los hindúes, sino también las de los musulmanes, hizo que muchos de ellos, especialmente pastunes, ingresaran en el Congreso.

También en este momento asumió la dirección del semanario *Young India* (Joven India), que se publicaba en inglés. La labor de esta publicación se complementó con la de la revista mensual *Navajivan,* en la que se utilizaba el gujarati y cuyos editores pusieron a disposición de Gandhi. Esta revista pasó a ser semanal y se trasladó la redacción de las dos publicaciones a Ahmedabad. Gandhi sabía que sólo podría expresar libremente sus ideas si los semanales se editaban en una prensa propia. Así comenzó su labor educativa a partir de las páginas de *Young India* y *Navajivan,* en inglés y gujarati, desde donde quería dar a conocer todas las implicaciones posibles de la *satyagraha.*

Su primera medida consistió en boicotear las telas importadas de Gran Bretaña. Para ello, estudió el modo de cubrir la demanda aumentando la producción del *khadi,* la tela que confeccionaban los indios con algodón hilado a mano. Según sus propias palabras: *Solamente se utilizaría la materia prima producida en la India.* De este modo, además de fomentar el cultivo de algodón, promovía la creación de sencillos puestos de trabajo artesanales para miles de indios sumidos en la miseria. Gandhi opinaba que la pobreza de los campesinos indios estaba causada principalmente por el auge de las ciudades y la industrialización en detrimento de los oficios rurales y artesanales. Así, veía en el uso de la rueca y el telar una sencilla alternativa a las grandes fábricas textiles y un modo de evitar la emigración de los campesinos a las ciudades.

En un principio tuvieron ciertos problemas para encontrar hilo de algodón, por lo que decidieron comenzar a hilar ellos mismos. Pronto descubrieron que el oficio de hilador manual se estaba perdiendo y fue extremadamente difícil encontrar tanto ruecas como alguien que les enseñara a utilizarlas. Una vez conseguidas las ruecas, tampoco fue fácil conseguir algodón cardado para trabajar, por lo que cuando encontraron a un cardador, se decidió que se encargara de enseñar a los jóvenes a cardar el algodón. Gracias una vez más a la habilidad de Maganlal, en el taller del *ashram* se comenzaron incluso a fabricar ruecas y sus accesorios.

El propio *Mahatma* predicó con el ejemplo y dedicaba media hora cada día a hilar con su rueca y animó a sus discípulos y seguidores a hilar también a diario. Aún se encontraba bastante debilitado por la disentería y el trabajo manual tuvo el efecto de hacerle recuperarse más rápidamente.

Pronto miles y miles de indios dejaron de vestir telas británicas y comenzaron a elaborar su propia vestimenta, el *khaddaz,* que consiste en casaca y pantalones elaborados con *khadi*. Además, todos los días, en numerosos pueblos de todo el país, se quemaban prendas y otros productos británicos como parte del boicot. El movimiento *khadi,* como fue denominado, fue tan importante que la rueca se convirtió, como señalamos anteriormente, en un símbolo nacional.

El 1 de agosto de 1920 se celebró en Calcuta una sesión especial, a nivel nacional, del Partido del Congreso. Allí Gandhi dio a conocer las directrices que debería seguir el movimiento de desobediencia civil y boicot a todo lo británico. El objetivo en primer término era lograr cierta autonomía dentro del Imperio y, sólo en caso de que esto no fuera posible, alcanzar la independencia. El boicot incluía absolutamente todo aquello relacionado con la metrópoli: no sólo se dejaron de vestir prendas manufacturadas en Gran Bretaña, sino que también se devolvieron los títulos y medallas expedidos por el Imperio Británico, los niños dejaron de

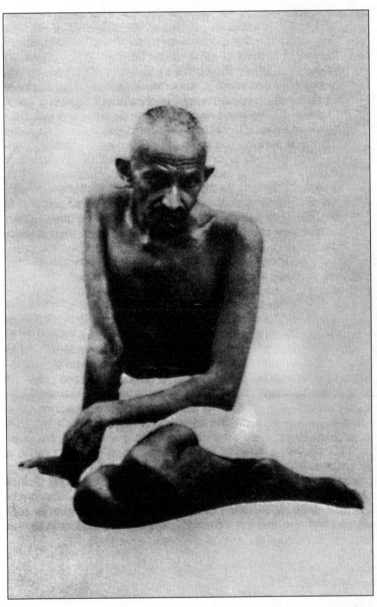

*La vida de Gandhi era una fiel muestra de la doctrina que predicaba,
la* satyagraha.

acudir a los colegios británicos, los funcionarios indios abandonaron sus puestos en la administración, los soldados desertaron del ejército… En la Asamblea de Calcuta también se aprobaron resoluciones sobre la unidad entre hindúes y musulmanes y la supresión de la casta de los intocables. Ese mismo día 1 de agosto, en el que se inició el movimiento de no-cooperación, murió Tilak. Tras su fallecimiento, Gandhi pasó a ser el líder indiscutible del Congreso.

El propio Gandhi, al día siguiente de haberse hecho público el movimiento de desobediencia civil, devolvió la medalla Kaisar-i-Hind que le había sido otorgada por la creación del cuerpo de ambulancias en la guerra contra los boers en Sudáfrica. Muchos profesionales le siguieron y abandonaron sus trabajos, como fue el caso de Motilal Nehru, que abandonó su profesión de abogado.

Gandhi estaba encabezando una revolución histórica, movida por la fuerza de las ideas y no por la de las armas que, desde su modestia, estaba haciendo tambalearse a la colonia más grande, «la joya de la corona», del poderoso Imperio Británico. Prueba de ello es el hecho de que acudiera a la India el propio Príncipe de Gales, heredero del trono. También su viaje fue boicoteado, el Congreso convocó de nuevo un *hartal* nacional y un boicot a todas las ceremonias oficiales. El gobierno reaccionó de nuevo con extrema dureza y en Bombay murieron varias personas en disturbios callejeros. Gandhi, informó al virrey de todos sus pasos, y éste le respondió que la no-cooperación era *el más demencial de todos los proyectos demenciales*.

En el mes de diciembre se celebró una sesión del Congreso en Nagpur, India central, en la que el *Mahatma* presentó una resolución en la que establecía que uno de los objetivos del Congreso debía ser la independencia *dentro del Imperio si es posible o fuera de él si es necesario*. La reunión de Nagpur también fue testigo del establecimiento de una nueva constitución del Congreso escrita por Gandhi. De esta manera se convertía en una organización democrática de masas con representación de todos los habitantes de la India.

Los intocables

A pesar de los primeros éxitos frente al Imperio Británico, no era la liberación de su país el único objetivo de Gandhi: quería conseguirlo con la unidad entre hindúes y musulmanes, y también quería que los intocables lograran los mismos derechos que el resto de la sociedad hindú.

La casta de los intocables englobaba más de la sexta parte de la población de la India y, como ya comentamos en la introducción, sus integrantes no tenían ni siquiera los derechos más básicos y vivían sumidos en una pobreza extrema. El *Mahatma* tuvo que luchar duramente para que finalmente fueran aceptados los *harijans*, hijos de Dios, nombre que él daba a los intocables.

Precisamente fue en este momento (en 1921), y como símbolo de solidaridad con los más pobres, cuando Gandhi tomó la decisión de vestir en todo momento el *dhoti*, tela de algodón blanco anudada en la cadera, hecha con *khadi*. Ésta era la vestimenta de los que no tenían dinero para poder comprar más tela con la que hacerse un atuendo completo que les cubriera todo el cuerpo. Desde que había abandonado la vestimenta europea, vestía un *dhoti*, una camisa y un gorro. A partir de este momento, comenzó a vestir sólo el *dhoti* con una túnica hasta la altura de media pierna. De este modo se identificaba con los más pobres y subrayaba la simplicidad a la que siempre aspiró. Este tipo de gestos no hicieron sino acrecentar su popularidad en la India, de hecho, muchos hindúes lo consideraban un enviado de Krishna y llegaron a adorarle como a un verdadero dios. Gandhi podía haber elegido vestir a la europea, como ya había hecho como abogado en Sudáfrica, para así intentar ganarse el respeto de los líderes europeos; sin embargo, su elección fue precisamente la contraria: llevar el atuendo de los más pobres para que el mundo supiera de qué lado estaba.

Violencia

Los británicos comenzaron a inquietarse: el éxito de todas estas campañas les hizo sospechar que el Congreso planeaba secretamente un levantamiento violento. Así, en diciembre, arrestaron a la mayor parte de los líderes del Congreso.

Poco tiempo más tarde, en febrero de 1922, Gandhi dirigió un movimiento de desobediencia civil en el distrito de Bardoli (Gujarat): una huelga de impuestos. Fiel a sus principios, le comunicó al nuevo virrey, Lord Reading, que la huelga comenzaría el día 8 del mismo mes. El objetivo del *Mahatma* era que esta huelga se llevara a cabo de forma pacífica y se fuera extendiendo poco a poco por todas las regiones de la India. De este modo se destruiría la base de la administración británica en el país y de ahí a la consecución de la independencia sólo habría un paso. Pero la violencia volvió a brotar, frustrando así todos estos planes.

El día 5 de febrero, tres días antes del comienzo previsto de la huelga, tuvo lugar una manifestación en el distrito de Gorackpur, al norte del país. Durante el transcurso de la protesta, la policía interpeló a los rezagados y los que habían pasado ya regresaron para protegerlos. Al ver el gentío, los policías abrieron fuego contra los manifestantes y cuando se les acabó la escasa munición de que disponían, se refugiaron en una comisaría. La multitud prendió fuego al edificio y, cuando salieron los policías, fueron despedazados y sus restos arrojados a las llamas. La noticia llegó a Gandhi el 8 de febrero y en ese momento comenzó una huelga de hambre que duró cinco días y paralizó definitivamente la campaña de huelga de impuestos. No estaba dispuesto a llevar a cabo ningún tipo de movimiento que pudiera ser relacionado o justificado con la violencia, prefería sacrificar un triunfo político antes que cometer un error moral.

Estaba profundamente convencido de que la violencia sólo podía engendrar violencia. Según dijo en una ocasión, la ley del Talión (ojo por ojo y diente por diente) *sólo podría conducir a un mundo de ciegos.* Paradójicamente, estos hechos violentos que tanto dolor le causaron provocaron que Gandhi acabara siendo acusado de inducción a la rebelión. Fue arrestado en el *ashram* el 10 de marzo de 1922. Íntimamente, Gandhi agradeció que los británicos le separaran, aunque fuera de este modo, de la lucha política. *Mi separación del pueblo será un beneficio para éste,* afirmó.

El 18 de marzo se celebró en Ahmedabad el juicio contra el *Mahatma,* quien asumió su propia defensa ante el juez Robert Broomfield. El juicio tuvo tantísima repercusión que aún hoy en la India es recordado como el «Gran Juicio», no sólo porque supuso un importante paso en la historia de la independencia, sino sobre todo porque tanto Gandhi como el juez hicieron gala de una caballerosidad impecable. Gandhi tenía la capacidad de hacer volver sobre los británicos sus propias teorías políticas democráticas y participativas y su propio código ético basado en el juego limpio (*fair play*).

El juez Broomfield era un veterano funcionario que admiraba a Gandhi y entendía la injusticia en la que vivía el pueblo indio. Cuando Gandhi entró en la sala, el juez se puso en pie como muestra de respeto y reconocimiento a su gran valor moral. Aplicando la máxima evangélica de presentar la otra mejilla a quien nos golpea, Gandhi se declaró culpable de todos los cargos y solicitó la pena máxima. A pesar de sus convicciones, el juez se vio obligado a condenarle a seis años de cárcel en Yeravda (prisión situada cerca de la ciudad de Puna). El juicio finalizó con una reverencia que se dedicaron mutuamente juez y acusado.

En la cárcel

Durante el tiempo que estuvo en la cárcel, Gandhi no cayó en ningún momento en la indolencia. Dedicó la mayor parte del tiempo a recuperarse personalmente y a la reflexión religiosa y filosófica. Agradeció profundamente el aislamiento que le proporcionaba la cárcel, ya que así podía meditar en profundidad sobre los fundamentos en los que debía basarse la *satyagraha* para no desembocar en actos de violencia.

Se impuso un horario muy rígido; se levantaba todos los días a las cuatro de la mañana, continuó tejiendo durante una hora al día y escribió varios libros: una historia del movimiento *satyagraha* en Sudáfrica, su autobiografía (titulada *Mis experimentos con la verdad)* y otro libro titulado *Guía de la salud*, sobre la dieta vegetariana. También leyó una gran cantidad de libros, entre ellos las obras del indio Rudyard Kipling y las del novelista francés Julio Verne. Se interesó por libros de Historia como el famosísimo *Decadencia y caída del Imperio Romano,* de Gibbon, y *El nacimiento de la República Holandesa,* de Motley. Pero el grueso de sus lecturas lo conformaron las obras religiosas; así, se interesó por los poemas de la tradición *vaishnavita* y tratados tántricos, además de leer el *Mahabharata* completo. También releyó algunas de las obras que más le habían impresionado años atrás: *Unto this Last,* de Ruskin y *El reino de Dios está dentro de ti,* de Tolstoi.

El 12 de enero de 1924, cuando ya llevaba casi dos años encarcelado, tuvo un ataque agudo de apendicitis y fue trasladado urgentemente al Hospital Sassoon, en la ciudad de Puna, donde se le informó de que debía ser operado aquella misma noche. La situación era bastante delicada, ya que tanto las autoridades como el propio Gandhi eran conscientes de que, si fallecía en el quirófano, la reacción del pueblo podía suponer un grave estallido de violencia. Así, redactó una declaración pública en la que afirmaba que había dado su consentimiento para la operación, que los médicos le habían tratado correctamente en todo momento y que, si la operación no tenía éxito, el pueblo no debía levantarse contra el gobierno.

Durante la operación estalló una gran tormenta que cortó la corriente eléctrica del hospital. Los cirujanos continuaron iluminados por una linterna, pero ésta acabó extinguiéndose, por lo que la intervención tuvo que ser finalizada a la luz de una vela. En el momento de la operación, Mohandas Gandhi tenía cincuenta y cinco años y su cuerpo se encontraba bastante debilitado, por lo que su recuperación fue bastante lenta. Ante su delicado estado de salud, las autoridades decidieron ponerle en libertad. El principal motivo no fue, sin embargo, humanitario, sino evitar que muriera en la cárcel y se convirtiera en un mártir. Tras su liberación se trasladó a la casa del industrial Shantikumar Morarji, situada en la playa de Juhu, cerca de Bombay. Al mismo tiempo que él se recuperaba, decidió que podían recuperarse otros de sus dolencias. Así, pronto transformó la casa en una especie de hospital donde administraba sus curas naturistas e hidropáticas a todo aquél que lo necesitaba. A través de la prensa convocó a todo el que quisiera rezar junto a él a acudir a la playa de Juhu entre las cuatro y las cinco de la tarde, costumbre que mantendría hasta el final de sus días. De hecho, en cualquier lugar en el que se encontrara, Gandhi se reunía diariamente con sus seguidores para rezar, a las cinco en punto de la tarde. Era una oración pública a la que cualquiera podía asistir. Gandhi solía leer algunos párrafos del Gita, el Corán o la Biblia y disertaba sobre la no-violencia, la no-cooperación, nutrición, medicina natural, las ventajas de la abstinencia sexual, etc.

Durante los veintidós meses que el *Mahatma* había permanecido en la cárcel, el movimiento de no-colaboración se interrumpió. Los funcionarios que habían abandonado sus trabajos volvieron a ellos, los niños regresaron a los colegios y los brotes de violencia cesaron.

Discrepancias en el Congreso

El Congreso había perdido fuerza tras el fracaso de la campaña de 1921, y la aparente unidad entre hindúes y musulmanes acabó deshaciéndose. Gandhi estaba convencido de que era necesario que estas dos comunidades estuvieran unidas para lograr la independencia de la India; sin embargo, en este momento se recrudecieron tanto las hostilidades que en septiembre de 1924 la disputa desembocó en una masacre de hindúes en Kohat, estado del noroeste. A raíz de este suceso, Gandhi emprendió su primer acto público después de su liberación: inició de nuevo una huelga de hambre hasta la muerte en protesta por la violencia religiosa.

Su salud se fue debilitando cada vez más y a los veintiún días de ayuno, ante la evidente gravedad de su estado, los principales dirigentes musulmanes e hindúes se reunieron con él para acordar el final de las hostilidades. La Liga Musulmana, favorecida por los británicos como oposición al Congreso, ganaba cada vez más fuerza y así se iba perfilando cada vez más claramente la división del movimiento independentista. También dentro del Congreso surgieron dos grandes grupos cuyas políticas diferían bastante: el Partido Swaraj («autogobierno»), cuyo objetivo era conseguir lo más pronto posible el estatus de Dominio dentro del Imperio, y los partidarios de la no-cooperación pacífica de Gandhi.

En diciembre de 1924, Mohandas Gandhi fue elegido presidente del Partido del Congreso. Consideraba que no era el momento para realizar acciones precipitadas, por eso, ante las numerosas discrepancias internas del Congreso, decidió aceptar el cargo para evitar la disgregación. Puso una condición para ejercer como presidente: todos los miembros del Congreso debían llevar *khadi* y, siempre que les fuera posible, debían comprometerse a hilar todos los días (algunos congresistas cumplieron este compromiso a rajatabla, hasta el punto de hacerse con una rueca plegable con la que trabajar durante las reuniones del Congreso). Durante el año que duró su presidencia, empleó la mayor parte del tiempo recorriendo la India para promocionar el *khadi* (de hecho, visitó prácticamente todos los estados) enseñando en los pueblos y aldeas el uso de la rueca y la confección del *khadi*. Pero no sólo se dedicaba a instruir en temas prácticos como éstos, sino que también hablaba a las gentes de temas como lo desaconsejable que

119

eran los matrimonios infantiles o el alcohol. Sus objetivos eran cinco: igualdad para los intocables; promoción del hilado casero; sobriedad (sobre todo con respecto al alcohol y al sexo); la unión entre hindúes y musulmanes, y la igualdad de la mujer. También se dedicó a promocionar el hindi, ya que consideraba que no debían expresarse en inglés, la lengua de los colonizadores, y a vender directamente *khadi* y a hacer colectas a favor de los descastados. Parecía que Gandhi había decidido no implicarse tanto en luchas políticas internas del partido, sino que prefería otro tipo de compromiso, más directo, con los desfavorecidos.

Ya no viajaba en tercera clase, sino que lo hacía en segunda. Se vio obligado a aceptar a su pesar ciertas comodidades, ya que de lo contrario no hubiera podido aprovechar los numerosos viajes para escribir artículos, descansar o dormir. Sin embargo, seguía despreciando todo gasto que fuera superfluo, hasta el punto de rechazar las guirnaldas de flores que los indios le ponían en el cuello a su paso. Opinaba que no debía matarse a las flores sin necesidad, cuando podían ponerle guirnaldas de hilaza (hilo gordo y desigual). A partir de entonces, estas guirnaldas se convirtieron en una costumbre india. Realmente le avergonzaban todas estas muestras de adoración, pero hizo todo lo posible para sacar algo positivo de ellas, por ejemplo, al ver que mucha gente le solicitaba fotografías con su autógrafo, decidió venderlas para donar el dinero a los parias.

Gracias a este contacto directo con la realidad social de los más pobres del país logró una mejor comprensión del drama verdadero de la India. A las grandes masas de campesinos que apenas tenían los mínimos recursos para subsistir no les interesaba la independencia de la India ni los grandes problemas políticos internacionales, simplemente querían saber que en el día que estaban viviendo tendrían comida suficiente para ellos y su familia. La presencia entre ellos de Gandhi supuso una esperanza en un futuro mejor. Era admirado y respetado por millones de indios cuyo problema era la simple subsistencia, pero a Gandhi no se le escapaba que esa situación era la consecuencia directa de la explotación colonialista.

Algunos intelectuales indios acusaron a Gandhi de ser demasiado fanático en su promoción del tejido hilado a mano. Si bien es cierto que sobreestimó la posibilidad de establecer una industria textil basada en el trabajo manual de las aldeas, Gandhi veía en la promoción del *khadi* no sólo una manera de aumentar las ganancias de los más pobres y evitar la importación de tejido británico manufacturado. La producción de *khadi* era también una forma de organización de las aldeas. Y si una aldea podía organizarse perfectamente para el trabajo manual de toda la comunidad, *también estaría preparada para practicar la desobediencia civil* y ésta, en último término, conduciría al autogobierno. Y para aquéllos que no necesitaban tejer para comer, el hilar o, simplemente, llevar atuendos fabricados con *khadi* era una manera de hacerse conscientes de la realidad de la India más pobre.

Finalmente, a finales de 1925, dimitió y, desde aquel momento, se negaría a aceptar ningún cargo dentro de la organización del Congreso, por sus grandes discrepancias con él. Consideraba que los indios más cultos se estaban distanciando de las necesidades de las grandes masas del pueblo llano. Después del *Mahatma,* la presidencia recayó en la poetisa Sarojini Naidu, de la que recibió el nombre de *Padre de la patria.*

Tras su año como presidente del Congreso, anunció que el año 1926 sería un año de silencio político. Gandhi se había sentido atraído por el silencio *(el lenguaje auténtico de adoración cósmica)* como medio para la regeneración personal ya en Sudáfrica, en una visita a un monasterio trapense que le había causado una profunda impresión. Durante su año de silencio político decidió no hablar durante los lunes, días en los que solamente se comunicaba para lo más imprescindible escribiendo en un pedazo de papel.

Durante este año de silencio político, Gandhi no hizo declaraciones públicas, sino que permaneció en el *ashram* de Ahmedabad, donde recibió visitas, mantuvo correspondencia con centenares de personas de todo el mundo y escribió numerosos artículos sobre todo tipo de temas en *Young India.*

Mohandas Gandhi comenzó a ser conocido en todo el mundo como líder político y religioso. Muchos occidentales le consideraban un verdadero gurú mientras que muchos de sus compatriotas le trataban como a una divinidad. Las multitudes se agolpaban a su paso y, al llegar la noche, tenía los pies y los tobillos llenos de arañazos producidos por la gente que se inclinaba ante él y le tocaba. Incluso se le atribuyeron milagros producidos sólo con

121

pronunciar su nombre. Realmente, la figura de Gandhi, única en el mundo político, era la de intermediario entre el Partido del Congreso y el pueblo, separados por un abismo no sólo económico, sino también cultural.

Nueva campaña de desobediencia civil

En octubre de 1927 el nuevo virrey de la India, Lord Irwin, que había sustituido a Lord Reading en 1926, convocó a Gandhi y a otros dirigentes del Congreso para celebrar una reunión. En aquel momento Gandhi se encontraba en Bangalore, en la costa occidental de la India, y recorrió en sólo dos días los 2.000 km que le separaban de Nueva Delhi. En la reunión, Lord Irwin le comunicó que el gobierno británico había decidido llevar a cabo ciertas reformas políticas. Para ello, viajaría desde Gran Bretaña una comisión presidida por Sir John Simon. Entre los miembros de dicha comisión no había ningún indio, ya que había sido nombrada sin ningún tipo de consulta previa a los partidos políticos indios. Además, la comisión sólo respondería ante el Parlamento británico, lo que vulneraba los derechos de autodeterminación del pueblo indio.

La llamada «Comisión Simon» constituía un verdadero insulto para las aspiraciones indias y pronto surgió espontáneamente por todo el país la decisión de impedir de cualquier forma las actividades de la Comisión. Todo esto provocó el retorno de Gandhi a la política, y así en 1927 retomó las riendas del movimiento de desobediencia civil.

A la llegada a la India de la Comisión Simon en febrero de 1928, fue recibida por multitud de manifestaciones y boicoteada por todos los partidos políticos indios. Gandhi consideró que éste era el momento más adecuado para llevar a cabo la campaña de negativa a pagar impuestos iniciada siete años antes en Bardoli.

Esta campaña fue la primera acción de desobediencia civil promovida por Gandhi que podemos considerar como un verdadero triunfo a gran escala. Un total de ochenta y siete mil campesinos de la región de Bardoli se negaron a pagar los impuestos. Los recaudadores requisaron el ganado, los útiles de campo y de las cocinas, los carromatos, y muchos campesinos fueron expulsados de sus granjas. También hubo numerosísimas detenciones y

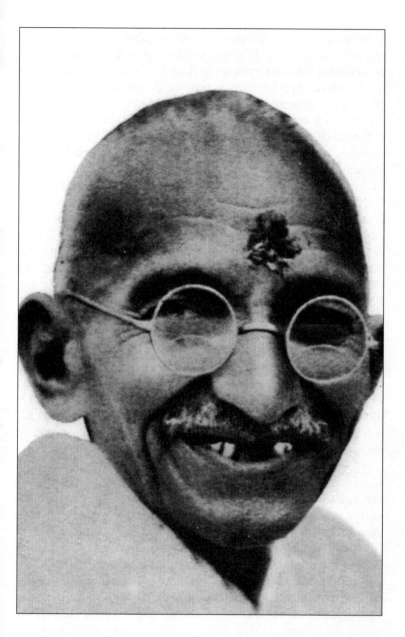

Su rostro reflejaba su lema: «Desobediencia civil sin sentir ira».

123

secuestros, pero los campesinos fueron capaces de sufrirlos sin recurrir a la violencia. El asunto se hizo eco en la prensa inglesa, y en la Cámara de los Comunes se llegó a discutir el uso de la violencia para atajar el movimiento de desobediencia civil. Sin embargo, el gobierno tuvo que ceder finalmente y en agosto, tras una huelga general nacional de apoyo a Bardoli, seis meses después del inicio de la campaña, el gobierno decidió liberar a todos los prisioneros, reducir los impuestos e incluso pagar compensaciones a los campesinos por los bienes secuestrados. Había quedado demostrado que la desobediencia civil era un arma que funcionaba.

No obstante, a pesar de este triunfo de la paz, la violencia pronto comenzó a brotar en toda la India. Tras el verano, el gobierno británico actuó duramente contra las asociaciones sindicales que habían proliferado por todo el país, lo que provocó un clima de crispación. En diciembre el subdirector de la policía de Lahore, capital del Punjab, fue asesinado por Bhagat Singh, un estudiante sij. Precisamente sería Singh, años después, quien tomaría en sus brazos el cuerpo de Gandhi después de recibir los disparos. Tras el asesinato del subdirector de policía, por el que ganó fama de héroe, Singh eludió el arresto, pero poco tiempo después sería apresado y condenado a muerte por lanzar una bomba en la Asamblea Legislativa de Nueva Delhi. Consiguió la libertad gracias a la amnistía política lograda en el Tratado de Delhi y después de salir de la cárcel peregrinó hasta el *ashram* de Ahmedabad para conocer al *Mahatma* y agradecerle personalmente su liberación. Con el paso del tiempo se convertiría en uno de sus colaboradores más cercanos.

En este momento se celebró en Calcuta la asamblea anual del Congreso. En ella Gandhi retomó la actividad política más directa, defendiendo una vez más la paz y la no-violencia, contra la opinión de los más jóvenes del Partido del Congreso, entre los que se encontraban Subhas Chandra Bose (quien, en la Segunda Guerra Mundial, lucharía del lado de alemanes y japoneses) y Jawaharlal Nehru. Ellos estaban a favor de conseguir la independencia por cualquier medio, aunque fuera violento, y propusieron una declaración inmediata de independencia. Gandhi sugirió que se advirtiera primero a Gran Bretaña y se diera un plazo de dos años. Tras arduas discusiones, el plazo fue reducido a un año, y la fecha límite se fijó en el 31 de diciembre de 1929.

A principios de 1929, concretamente el 26 de enero, día que ha pasado a ser fiesta nacional en la India, Gandhi publicó la *Indian Home Rule* (Declaración de Autogobierno Indio). En este documento se unían las ambiciones políticas del Congreso y la liberación social y espiritual propugnada por el propio Gandhi. En él podemos apreciar claramente la evolución de su pensamiento con respecto al papel de los británicos en su país:

> *La dominación de la India por los británicos no sólo ha privado de libertad al pueblo indio, sino que se ha basado en la explotación de las masas y ha arruinado a la India política, cultural y espiritualmente. Creemos por ello que la India debe desprenderse de la dependencia británica y obtener la* Purna Swaraj *o completa independencia.*

El *Mahatma* estaba ya convencido de la necesidad de la independencia, pero nunca a través de la violencia. Así, escribió en *Young India: Si la India obtiene por medios violentos la llamada libertad, cesará de ser para mí el país que me enorgullece.* La libertad debería llegar tras un *entendimiento caballeroso con Gran Bretaña. Pero no ha de ser una Gran Bretaña altanera e imperialista maniobrando para alcanzar la supremacía mundial, sino una Gran Bretaña humilde esforzándose por alcanzar el bien común de la humanidad.*

Ante tanta presión y tras una reunión en Inglaterra con varias autoridades, el 31 de octubre Lord Irwin anunció la celebración de una mesa redonda en la que el gobierno británico dialogaría con representantes indios con el fin de redactar la Constitución de Dominio de la India. Gandhi, tras reunirse a su vez con los dirigentes del Congreso y de otros grupos políticos indios, decidió aceptar la propuesta del virrey, no sin exigirle antes ciertas muestras de buena voluntad, como la liberación de los presos políticos y, sobre todo, un compromiso explícito de que la India conseguiría no una Constitución, sino el estatuto de Dominio con posibilidad de segregarse del Imperio. Irwin se negó a comprometerse.

Así las cosas, en diciembre del mismo año el Congreso, reunido en Lahore bajo la dirección de Jawaharlal Nehru, lanzó una campaña definitiva por la independencia. Se tomó, entre otras medidas, la decisión de que sus miembros con cargos oficiales dimitieran, para expresar su voluntad de separarse totalmente de la administración del Imperio Británico, y se encomendó a Gandhi la tarea de seguir dirigiendo el movimiento de desobediencia civil.

La coyuntura política era decisiva: la posición del gobierno británico exigía una acción contundente, y la conciencia del pueblo indio había evolucionado tanto en los últimos años (e incluso meses) que dicha acción tenía que ser profundamente significativa. El *Mahatma* reflexionó a fondo sobre cuál podría ser la forma de desobediencia civil más efectiva y que pudiera dar menos pie a la violencia. El 2 de marzo de 1930 escribió una larga carta a Lord Irwin, en la que le anunciaba que la nueva campaña de desobediencia civil comenzaría en el plazo de nueve días. En dicha carta le acusaba directamente y le recordaba lo que la explotación británica significaba para la India:

> *Una maldición* [por haber] *llevado a la miseria a millones de indios sin voz mediante una explotación sistemática y una administración militar y civil tan costosa y ruinosa que el país nunca podrá soportarla. Políticamente nos ha conducido a la servidumbre. Ha socavado los fundamentos de nuestra cultura, y mediante una cruel política de desarme nos ha degradado espiritualmente. [...] Elegiré su caso concreto, usted [...] gana un salario cinco mil veces mayor que la renta media india. [...] Un sistema que favorece tales prebendas merece ser destruido.*
>
> *Mi ambición es, ni más ni menos, convertir al pueblo británico mediante una acción sin violencia haciéndole ver así el mal que ha hecho a la India.*

En esta carta, que constitye una de las mejores y más sencillas explicaciones sobre la naturaleza de la colonización y la desobediencia civil, Gandhi anuncia al virrey que movilizará a sus colaboradores del *ashram* Satyagraha contra el injusto impuesto que gravaba la sal. Esta carta sólo recibió un escueto acuse de recibo por parte de Lord Irwin.

La marcha de la sal

La sal, utilizada desde tiempos ancestrales para conservar la carne, especialmente en climas cálidos como el de la India, era un elemento imprescindible en la vida de los habitantes de este país. Los británicos, sabedores del dinero que podían obtener con ello, habían monopolizado por completo la producción de sal y controlaban su precio, gravado además con varios impuestos. La sal sólo se podía adquirir en las tiendas del gobierno y estaba prohibida su producción no controlada por las autoridades.

El 11 de marzo de 1930, fecha en la que finalizaba el plazo dado por Gandhi al virrey, la ciudad de Ahmedabad estaba repleta de corresponsales de prensa de todo el mundo, expectantes ante la reacción del *Padre de la patria,* que ya contaba sesenta y un años y al que algunos comenzaban ya a llamar *Abuelo.* Sabían que su acción tenía que ver con los impuestos sobre la sal, pero no sabían exactamente en qué consistiría exactamente.

No les decepcionó, y al día siguiente, el 12 de marzo, después de haber realizado sus oraciones matinales, emprendió la llamada *marcha de la sal.* Junto a otras setenta y ocho personas, entre ellas su hijo Devdas y la poetisa Sarojini Naidu, Gandhi se dispuso a recorrer los casi 400 km que le separaban del mar. Como único equipaje llevaba un bastón de bambú para apoyarse.

Durante los veinticuatro días que duró la marcha de la sal Gandhi continuó predicando la no-violencia y enseñando a hilar a todos los que se lo pedían. Por el camino se les fueron uniendo miles de hombres y mujeres. Caminaban unos 20 km diarios, que Gandhi resistió perfectamente aunque en ocasiones se le llagaran los pies. Los periodistas de todo el mundo relataban día a día todo lo que acontecía durante esta marcha hasta el día 5 de abril, en que la comitiva llegó a la costa, concretamente a la ciudad de Dandi, bañada por el Mar Índico. Más de trescientos alcaldes de aldeas por las que pasaron renunciaron a sus cargos. Lo más sorprendente de todo es que sólo los más allegados a Gandhi conocían exactamente lo que pretendía y, a pesar de ello, miles y miles de personas se fueron uniendo a la comitiva a lo largo de todas las aldeas por las que pasaron.

Al día siguiente de su llegada a Dandi y después de haber rezado durante toda la noche, el *Padre de la patria* se dirigió hacia el mar y tomó un puñado de sal. Era un gesto sencillo: tomar de la naturaleza lo que en ella abundaba; sin embargo, a los ojos de las autoridades lo que había hecho era un delito. Los miles de peregrinos que le acompañaban comprendieron entonces el objetivo de su viaje y siguieron a su líder: todos ellos se adentraron en el mar para tomar de él la sal. El primer puñado de sal extraído por Gandhi fue subastado para recaudar fondos: consiguió una gran cantidad de dinero, 1.600 rupias.

En un primer momento las autoridades británicas decidieron no tomar represalias, pero pocos días después se comenzó a vender sal libre de impuestos en las ciudades de todo el país. En ese momento, el virrey ordenó encarcelar a los rebeldes, que acabaron siendo más de setenta mil. En toda la India se multiplicaron las manifestaciones y la producción casera de sal hasta que, el 4 de mayo, Gandhi fue detenido de nuevo.

Continuación de la lucha

Su detención no supuso una sorpresa para el *Mahatma*, al contrario, lo tenía ya previsto y había dejado instrucciones precisas sobre la continuación de la lucha no-violenta en caso de que fuera encarcelado. Su hijo Manilal y Sarojini Naidu tomarían las riendas de la campaña para intentar ocupar, siempre con métodos pacíficos, la fábrica de sal de Dharasana, situada a unos 250 km de Bombay. Más de dos mil quinientas personas se dirigieron pacíficamente hacia la fábrica de sal. Allí les esperaban quinientos soldados y policías.

Los manifestantes, entre los que se encontraba, además de Manilal y Sarojini, Kasturbai, sabían perfectamente lo que sucedería. En esta ocasión la *satyagraha,* la fuerza de la verdad, debía enfrentarse directamente con la violencia. En el momento en que aquéllos que encabezaban la manifestación llegaron hasta el lugar en el que se encontraba la primera línea de soldados, éstos comenzaron a golpearles fuertemente con sus *lathis* (varas de maderas de más de un metro de longitud). Las mujeres se encargaron de retirar a los heridos mientras el resto de los manifestantes continuaba su camino hacia la fábrica. Los soldados volvían a golpear a todos los que se acercaban, las mujeres recogían de nuevo a los heridos y los que quedaban en pie seguían adelante. Durante un día entero continuó esta increíble demostración de no-violencia, incluso los soldados fueron relevados varias veces antes de que finalizara la violenta represión. Así lo narró el periodista estadounidense Webb Miller: *No había lucha alguna ni refriega cuerpo a cuerpo: los manifestantes caminaban simplemente hacia delante, sin intentar defenderse de los golpes, hasta que eran derribados.*

Finalmente, como es natural, los británicos vencieron esta batalla: los manifestantes nunca llegaron hasta la fábrica. Sin embargo, a los ojos del mundo, los vencedores morales habían sido los pacíficos seguidores de Gandhi. Aquí jugaron un papel fundamental los medios de comunicación occidentales, que relataron al mundo los hechos tal como sucedieron y, gracias a su difusión, desde numerosos países se solicitó al virrey Lord Irwin la liberación de Gandhi. El 17 de mayo de 1930 Tagore escribió: *Lo sucedido significa para Europa una gran derrota moral. Aunque Asia sea todavía físicamente débil e incapaz de protegerse contra la agresión allá donde vea amenazados sus intereses vitales, ahora puede permitirse el mirar a Europa de arriba abajo cuando antes lo hacía de abajo arriba.*

La lucha no-violenta se había extendido por todo el país: Ghaffar Khan, el líder de los pastunes llamado «Gandhi de las fronteras», tomó la ciudad de Peshawar (en la frontera noroccidental de la India, situada actualmente en Pakistán) sin hacer uso de la violencia. Su objetivo era lograr la independencia de los pastunes con métodos pacíficos. El ejército británico disparó contra los pacifistas; sin embargo, un pelotón hindú del ejército se amotinó contra sus superiores, que les habían ordenado disparar sobre los musulmanes. Sus integrantes fueron juzgados por un consejo de guerra y condenados a penas de entre diez y catorce años de trabajos forzados.

Más de cien mil indios, todos los líderes del Congreso y el propio Gandhi se encontraban en la cárcel, pero por fin el *Mahatma* había logrado sus objetivos. En primer lugar, que sus compatriotas entendieran que se podía alcanzar la independencia sin necesidad de utilizar la violencia y, por otro lado, que una victoria, en este caso británica, lograda por medio de la violencia fuera considerada una derrota por el mundo. Esto supuso todo un hito para el movimiento pacifista.

Conferencia de la Mesa Redonda

La lucha no-violenta de Gandhi había provocado una serie de presiones internacionales que obligaban a Gran Bretaña a encontrar una solución para la India. Además, no debemos olvidar que desde mayo de 1929 gobernaba en Gran Bretaña el partido laborista, partidario de la independencia de la India. Por lo tanto, Ramsay MacDonald, Primer Ministro laborista, convocó una reunión con dirigentes indios para intentar encontrar una solución al conflicto. Fue la llamada Primera Conferencia de la Mesa Redonda, celebrada en Londres el 12 de noviembre de 1930.

A ella acudieron varios representantes indios, sin embargo, no acudió ningún dirigente del Congreso, ya que todos ellos se encontraban en la cárcel. La reunión resultó infructuosa y, al cierre de la sesión el 19 de enero de 1931, el Primer Ministro expresó al virrey de la India su «deseo» de que en la siguiente reunión, fijada para seis meses más tarde, pudieran acudir los representantes del Congreso Nacional Indio.

Así, el virrey se vio obligado a liberar incondicionalmente a Gandhi y los miembros más relevantes del Congreso el 26 de enero. Lo primero que hizo el *Mahatma* fue solicitar una entrevista con Lord Irwin y ésta se celebró en menos de un mes, el 17 de febrero. Semejante encuentro entre un virrey británico y un líder indio fue un hecho histórico, perfectamente reflejado en las siguientes palabras pronunciadas por Winston Churchill, futuro Primer Ministro británico, que calificó la reunión de *nauseabundo y humillante espectáculo ofrecido por aquel ex-abogado del Inner Temple y ahora faquir sedicioso, subiendo medio desnudo la escalinata del virrey para negociar y parlamentar allí en igualdad de términos con el representante del rey y emperador.*

Estas conversaciones se prolongarían durante varios días. Finalmente, el 5 de marzo de 1931, llegaron a un acuerdo: Irwin liberaría a los presos políticos y autorizaría la producción de sal marina. A cambio, Gandhi suspendería el movimiento de desobediencia civil. También se acordó que el Congreso acudiría a la Segunda Conferencia de la Mesa Redonda. A este acuerdo se le llamó el Tratado de Delhi, también conocido como el «Pacto Irwin-Gandhi». No obstante, a pesar de los avances conseguidos, los seguidores del *Mahatma* no estaban conformes, ya que en el Tratado no se había hablado en ningún momento de autonomía ni de independencia. Pero Gandhi sabía que se había logrado un gran avance: había sido capaz de tratar con el virrey de igual a igual, y aún quedaba la Conferencia de la Mesa Redonda.

Segunda Conferencia de la Mesa Redonda

El Congreso eligió al *Mahatma* como su delegado exclusivo para la Conferencia. De este modo, el 29 de agosto de 1931, Gandhi se embarcó una vez más para viajar a Gran Bretaña. Esta vez viajaba, entre otros, junto a su hijo menor, la poetisa Sarojini Naidu y una cabra negra, de la que obtenía la leche que bebía diariamente. El grupo suscitó una gran curiosidad en todo el país y la prensa relató con todo tipo de pormenores su estancia allí. Se dice que un periodista le preguntó al llegar a Londres qué opinión le merecía la civilización occidental. La respuesta del *Mahatma* fue: *Creo que sería una idea estupenda*. Es una muestra del sentido del humor del líder indio, al igual que la respuesta que un año antes había dado a Lord Irwin cuando, durante una de sus reuniones, éste le ofreció té: *Muchas gracias, pondré un poco de sal a mi té para que recordemos el famoso* tea party* *de Boston*. Ante tal ocurrencia, ambos se echaron a reír.

En el verano anterior, un periodista estadounidense le preguntó si asistiría a la Segunda Conferencia de la Mesa Redonda vestido con el atuendo típico hindú o con ropas europeas. Gandhi respondió que de ningún modo le verían vistiendo un traje europeo. De hecho, tanto él como su hijo y Sarojini Naidu llevaban vestimentas de lino, verdaderamente poco apropiadas para el otoño londinense. Además rechazaron cualquier tipo de lujo u homenaje y en lugar de instalarse en los hoteles que les fueron ofrecidos, acabaron hospedándose en el Kingsley Hall, un lugar de alojamiento y reunión de las clases trabajadoras del East End, barrio marginal situado al este de Londres. El *Mahatma* afirmaba que le gustaba vivir entre los suyos, las gente pobres, y allí podía conversar con

---

* Recordamos aquí al lector que el 16 de diciembre de 1773, durante la llamada *tea party* (fiesta del té) de Boston, los patriotas norteamericanos de las trece colonias, indignados ante una ley que protegía el té de la Compañía de las Indias Orientales contra los intereses del té cultivado en América, lanzaron al mar el té procedente de los barcos británicos anclados en el puerto de Boston. Esta acción marcó el principio de las hostilidades entre las colonias y Gran Bretaña, que llevarían finalmente a la independencia de aquéllas en 1776 y la constitución de los Estados Unidos de América.

los trabajadores y jugar con los niños. Allí acudieron a visitarle los políticos que querían entrevistarse con él.

Durante sus doce semanas de estancia en Londres, Gandhi no se limitó a asistir a las conversaciones de la Mesa Redonda, también tuvo tiempo para conocer personalmente a personalidades como Bernard Shaw y el arzobispo de Canterbury e incluso Charles Chaplin. Cuando éste último solicitó una entrevista con él, Gandhi no sabía quién era, ya que jamás había visto una película. Al saber que era un actor, se negó a recibirle, pero cuando le informaron que procedía de una familia humilde del East End londinense, accedió a verle. Chaplin le preguntó muy interesado sobre su opinión con respecto a las máquinas, quizá ya estuviera fraguando el tema de su película *Tiempos Modernos* (1936).

También visitó allí al general Smuts, aquél que le había encarcelado en Sudáfrica en varias ocasiones. Incluso llegó a tomar el té en el palacio de Buckingham, como invitado de honor del rey (y emperador de la India) Jorge V y su esposa, la reina Mary. Fiel a su palabra, también asistió a esta recepción vistiendo un *dothi* de lino y sandalias. Más tarde, comentaría: *El rey ya llevaba suficiente ropa por los dos.*

En una de las sesiones de la Conferencia, celebrada en la Cámara de los Comunes del Parlamento británico, llegó la hora de su oración vespertina. Gandhi se sentó en el suelo y comenzó a cantar fragmentos del *Bhagavad Gita* ante el asombro de todos los británicos allí presentes.

Además de asistir a la Conferencia y entrevistarse con personalidades británicas, Gandhi quiso conocer la realidad de los trabajadores en Gran Bretaña. Colaboró con algunas de las actividades que se llevaban a cabo en Kingsley Hall, el lugar en el que se alojaba y en el que había una guardería y un comedor para niños cuyas familias no tenían recursos. También se reunió con los trabajadores de las fábricas textiles de Lancashire, a muchos de los cuales la campaña india de boicot a sus tejidos había dejado sin empleo. A pesar de ello, recibieron a Mohandas Gandhi como a un amigo y apoyaron sus reivindicaciones de independencia para la India.

No obstante, a pesar de la impresión que causó su presencia en Gran Bretaña y de la adhesión a su causa por parte de muchos ciudadanos británicos, el gobierno se negaba a escuchar las reivindicaciones del *Mahatma*. La revuelta en la India era ya un hecho, y Gran Bretaña era consciente de que debía conceder al país algún tipo de autonomía. Sin embargo, lo quería hacer bajo sus condiciones. La Conferencia había sido preparada de tal modo que había una gran cantidad de representantes de la India nobiliaria (rajás, maharajás, nababs, etc.), verdaderas marionetas de Gran Bretaña, con el objetivo de lograr una amplia representación por su parte en el futuro gobierno de la India. Además, se fomentaron las diferencias entre los distintos grupos de la sociedad india, estableciendo un régimen electoral y derechos separados para cada uno de los principales grupos religiosos: hindúes, musulmanes, sijs y parsis. Muchos de los representantes de estos grupos anteponían los intereses políticos y religiosos de sus comunidades al bienestar general de la India.

Gandhi no estaba dispuesto a aceptar semejante división y exigió ser considerado en todo momento como representante de los indios y no de los hindúes. Debemos recordar aquí que Gandhi siempre fue partidario del ecumenismo, es decir, de la unión de las religiones por encima de las diferencias. Sabía que la disgregación de la India no era la solución para su pueblo.

De este modo, la Segunda Conferencia de la Mesa Redonda finalizó sin ningún tipo de acuerdo. Después de abandonar Londres, Gandhi viajó por Francia, Suiza e Italia. En este último país se negó a ser huésped de Mussolini, aunque sí le visitó. El Papa Pío XII no le recibió, aunque Gandhi recorrió la Biblioteca y los Museos Vaticanos, donde incluso llegó a derramar lágrimas ante la Capilla Sixtina. A pesar de su admiración por los frescos de Miguel Ángel, opinaba que el arte europeo *orienta nuestra atención hacia la tierra, mientras que el arte indio, si sabemos interpretarlo, tiende a dirigir nuestros pensamientos hacia el cielo*. En este rápido viaje por tierras italianas, que duró apenas cuarenta y ocho horas, le agasajaron incluso con un partido de fútbol entre el Roma y el Nápoles.

Regresó a Bombay, según sus palabras, *con las manos vacías*, el 28 de diciembre de 1931. Allí fue objeto de un recibimiento caluroso. Había estado fuera de su país tres meses y medio. Sin embargo, sus manos no estaban del todo vacías. Quizá no había logrado resultados políticos o acuerdos puntuales, pero se había ganado al pueblo británico. Como había explicado allí en una de sus numerosas charlas: *Creo que mi trabajo está al margen de la Conferencia. Para mí la auténtica Conferencia es la semilla que se siembra ahora y puede ablandar más adelante el espíritu británico.* Pero también se había plantado la semilla de la división en la India.

De nuevo en la cárcel

Solamente ocho días después de su regreso a Bombay, fue encarcelado de nuevo en la prisión de Yeravda junto a Jawaharlal Nehru y otros dirigentes del Partido del Congreso. El mismo gobierno que le había recibido en el centro del imperio para negociar la libertad de la India le encarcelaba a su vuelta.

El nuevo virrey, Lord Willington, que acababa de tomar posesión de su cargo, había prohibido las asociaciones políticas y había recortado ciertas libertades. Con el fin de atajar el movimiento contra el pago de impuestos, había autorizado a las autoridades para que éstas pudieran requisar edificios, bloquear cuentas bancarias, confiscar bienes, arrestar sin mandato judicial a cualquier sospechoso, denegar las fianzas y prohibir expresamente cualquier tipo de boicot. En poco tiempo, más de sesenta mil presos políticos abarrotaban de nuevo las celdas. Gandhi conoció esta noticia en cuanto desembarcó en Bombay y recordó a sus seguidores uno de los principios de su lucha política: *bajo un gobierno injusto, cualquier buen ciudadano debería estar en la cárcel.* No tardó en expresar al propio Lord Willington su desacuerdo con todas las medidas por él tomadas, por lo que fue encarcelado el 4 de enero de 1932.

El *Mahatma* estuvo preso durante dieciséis meses, que empleó, como era su costumbre, hilando, descansando, escribiendo y meditando. El gobierno le dispensó un régimen penitenciario especial, ya que le permitió escribir y recibir correspondencia ilimitada (en sus otras estancias en la cárcel no se le había permitido escribir ni recibir cartas). En la prisión de Yeravda supo que la nueva Constitución propuesta por Gran Bretaña para la India quería implantar regímenes electorales distintos para cada comunidad religiosa, además de otro distinto para los intocables. En

Gandhi presidió la delegación del Congreso a la Segunda Mesa Redonda celebrada en Londres.

cuanto conoció la noticia, escribió una carta al virrey y otra al Primer Ministro en las que les informaba de que bajo ninguna circunstancia permitiría la continuidad de la segregación de los intocables. También anunciaba otro ayuno hasta la muerte, estaba dispuesto a entregar su vida *en aras de esta noble causa* [...] *Si tuviera algo más que ofrecer, lo pondría, para hacer desaparecer este oprobio, en la balanza. Pero sólo tengo mi vida...* El día 20 de septiembre comenzó su ayuno, que sólo detendría cuando se eliminara el electorado independiente de los intocables. Millones de indios ayunaron con él las veinticuatro primeras horas.

Mohandas Gandhi contaba ya sesenta y cuatro años, y en sólo una semana de huelga de hambre su cuerpo se deterioró enormemente, hasta el punto de que las autoridades dieron la libertad a su esposa Kasturbai, que había sido detenida un año antes y estaba presa en la prisión de Sabarmati, para que pudiera encargarse de su marido en su propia celda.

Un estado musulmán

El 28 de enero de 1933, en la ciudad inglesa de Cambridge, nació un proyecto que daría no pocos quebraderos de cabeza a Mohandas Gandhi: la creación de un estado musulmán separado de la India. Aquel día, un estudiante universitario musulmán indio, Rahmat Alí, redactó un documento en el que defendía la idea de que la India no constituía una sola nación y desde el que reclamaba la unión de todos los estados noroccidentales de la India para formar un nuevo país separado de ella. La característica cohesionadora de dichos estados era la religión musulmana, practicada por la mayoría de sus habitantes.

Rahmat Alí propuso como nombre del estado *Pakistán,* palabra formada por las iniciales de los estados Punjab, Afgan, Kashmir y Sind (en la que se invertían las dos primeras letras para formar el grupo «is») y la palabra *tan,* que significa «país».

La creación del estado de Pakistán sería más adelante fomentada por los terratenientes musulmanes, representados en la Liga Musulmana. Ellos no podían aspirar a tener ningún tipo de mayoría electoral en una futura India libre ante una población hindú de trescientos millones de personas. Pero para lograr la consecución de dicho estado, la Liga, dirigida por Jinnah, debería antes inflamar los sentimientos religiosos y nacionalistas musulmanes.

Los intocables, aceptados

Finalmente, Gandhi consiguió su propósito: tras arduas negociaciones entre los representantes de los hindúes y el doctor Ambedkar, líder de los intocables, éste permitió al fin que el estatuto electoral de los intocables se presentase con el del resto de los indios. Este acuerdo sería conocido como el Pacto Yeravda, ya que las conversaciones entre Ambedkar y Gandhi se llevaron a cabo en la cárcel de Yeravda. Sin embargo, Gandhi no ingirió alimento alguno hasta que supo que el Primer Ministro británico había dado su consentimiento al pacto. Una vez conocida esta noticia, que tuvo lugar el 26 de septiembre, Gandhi bebió un zumo de naranja preparado por la propia Kasturbai.

Durante estos días, todo el país había estado pendiente del estado de salud del *Mahatma*. Se comunicaba por radio cada cambio en sus condiciones físicas, los progresos de las negociaciones, las palabras de aquéllos que le habían visitado, ya que Gandhi había hecho responsables de su vida a todos y cada uno de los hindúes. Pasados unos días del comienzo de su ayuno, dos de los templos hindúes más importantes del país, situados en Calcuta y Benarés, abrieron sus puertas a los intocables. Poco a poco, hasta la conclusión del ayuno, el resto de los templos se fueron abriendo a los *harijans*. Y, tras el 26 de septiembre, muchos hindúes preeminentes, hombres y mujeres, comieron en público con intocables. Se les permitió usar los pozos de agua y circular por las calles y carreteras prohibidas antes para ellos. Poco tiempo después se celebrarían los primeros matrimonios mixtos entre intocables y miembros de otras castas.

Sin embargo, a pesar de esta euforia inicial, propiciada por lo ostentoso del ayuno del *Mahatma*, éste no fue capaz de abolir inmediatamente una tradición religiosa que contaba con milenios de antigüedad. De hecho, aún hoy, los intocables representan los estratos más pobres de la sociedad india.

El 8 de mayo, Gandhi anunció que comenzaría un nuevo ayuno de autopurificación que duraría tres semanas. Al día siguiente, el virrey decidió ponerle en libertad. Tras el deterioro físico producido por seis días de ayuno, estaba convencido de que tres semanas sin comer le matarían, y Gran Bretaña no quería un mártir que muriera en prisión. Sin embargo, el *Mahatma* sobrevivió. En el verano de 1933, sería detenido dos veces más. La segunda de ellas, el 1 de agosto, cuando fue condenado a un año de prisión al abandonar la ciudad de Puna, de la que le habían prohibido salir. El día 16 comenzó de nuevo otro ayuno y, al empeorar su estado de salud fue puesto en libertad.

En ese momento, Gandhi tomó la decisión de abandonar temporalmente el movimiento de desobediencia civil hasta el 3 de agosto de 1934, ya que consideraba que debía cumplir la condena de un año que le había impuesto el gobierno británico. Dejó a Jawaharlal Nehru, veinte años más joven que él, al mando del Partido del Congreso. Gandhi apreciaba a Nehru como si fuera su propio hijo; de hecho fue él quien le otorgó el sobrenombre *Jawahar*, joya de la India. No obstante, entre ellos había también grandes desavenencias: Nehru quería que el modelo económico de la India fuera socialista, para lograr así rápidamente un progreso tecnológico que les permitiera competir con el mercado occidental. La meta de Gandhi, en cambio, no era lograr un avance económico importante a nivel mundial, sino algo mucho más básico: eliminar la miseria fomentando la agricultura y los trabajos artesanales y manuales. El objetivo de Gandhi era promocionar el autoempleo, sobre todo en el campo, para evitar así la migración a las ciudades, donde ya se hacinaban millones de personas en condiciones miserables y adonde acudirían muchísimas más si se promovía la industria.

Jawaharlal Nehru

Jawaharlal, como ya hemos mencionado anteriormente, era hijo de Motilal Nehru, prestigioso abogado y uno de los dirigentes del Partido del Congreso que había fallecido en el año 1931. Jawaharlal había nacido en Cachemira, la región más rica de la India, y pertenecía a la casta de los brahmanes. Al igual que Mohandas Gandhi, había estudiado Derecho en Gran Bretaña.

En la India era conocido como *el hombre de la rosa en la solapa,* debido a su elegancia y sus refinadas costumbres. A pesar de sus orígenes, que le hubieran permitido llevar una existencia placentera y rodeada de lujo, se implicó totalmente en la lucha por la independencia de la India, hasta el punto de pasar hasta un total de nueve años en las cárceles británicas y cambiar sus ropas de brahmán por el *khaddaz,* confeccionado con el *khadi,* la tela de algodón tejida a mano símbolo del autoabastecimiento y el boicot a los productos ingleses propugnados por Gandhi.

Sin embargo, a pesar de su gran admiración por el *Mahatma,* no estaba del todo de acuerdo con él. Ya comentamos que Nehru era partidario de conseguir la independencia de la India por cualquier medio, incluso mediante la violencia. Y en este momento, cuando la independencia parecía cada vez más cercana, Nehru era partidario de un modelo económico radicalmente distinto al que Gandhi quería promover.

Relación con su hijo mayor

Quizá sea este el punto más oscuro en toda la biografía del personaje que nos ocupa. Al igual que otros grandes hombres y mujeres de la Historia, se embarcó en una gran cruzada persiguiendo un altísimo ideal, pero al hacerlo descuidó las relaciones con su familia, en especial con su hijo mayor, Harilal. Fue precisamente en esta época cuando la relación se rompió definitivamente.

Harilal reprochaba a su padre que nunca le hubiera dedicado la suficiente atención, y por despecho se convirtió al islamismo, hasta el punto de hacerse llamar Mohammed (Mahoma) Gandhi. Era alcohólico, hasta tal punto que acudiría borracho al entierro de su madre. Su padre renegó públicamente de él en varias ocasiones. Sumido en la miseria, finalmente murió alcohólico y tuberculoso, pocos meses después que su padre.

Gandhi siempre consideró que había fracasado como padre, y así lo expresó en sus memorias. Sin embargo, paradójicamente, le encantaban los niños y relacionarse con ellos. De hecho, llegó a adoptar a varios niños a lo largo de su vida, entre ellos una niña huérfana intocable llamada Lakshmi. Incluso en 1925 había adoptado a Madeleine Slade, a la que bautizó con el nombre de Mirabehn. Madeleine era hija de un almirante británico, primer comandante en jefe de la escuadra de las Indias Orientales, y se había incorporado al *ashram,* donde había aprendido a hilar y ayunado en varias ocasiones, para estar cerca de Gandhi, al que admiraba profundamente.

Alejado de la política

Después de abandonar el Partido del Congreso, se dedicó a profundizar en el conocimiento de su pueblo. En 1933, Gandhi había fundado el semanario *Harijans,* en sustitución de *Young India,* clausurado por el gobierno. En él exponía sus ideas y lo utilizaba como medio de comunicación con sus compatriotas. Varios años después, el semanario acabaría editándose hasta en diez lenguas diferentes.

Cedió el *ashram* de Ahmedabad a un grupo de *harijans* y fundó uno nuevo en Sevagram, pueblo situado cerca de la ciudad de Wardha, en la zona más oriental del estado de Maharashtra, en la India central. Desde allí, en noviembre de 1933 comenzó un viaje de diez meses por todo el país, haciendo campaña en favor de los intocables y predicando al pueblo sus teorías: lo pernicioso del alcohol, los matrimonios infantiles, la importancia de una buena nutrición y las normas básicas de higiene. En especial insistía sobre la insana costumbre de escupir en las calles. Solía decir: *Si los indios escupiéramos todos al mismo tiempo, podríamos formar un lago lo bastante profundo como para ahogar en él a trescientos mil británicos.*

Al finalizar su peregrinación por la India en 1934, Gandhi fundó la *All India Village Industries Association* (Asociación de industrias aldeanas de toda la India) para fomentar el autoabastecimiento de las aldeas de su país. Se mantuvo al margen de la política luchando sólo por el bienestar social incluso cuando en 1935 Gran Bretaña aprobó la nueva Constitución, la llamada Ley India. Gracias a ella, el electorado se amplió: ahora tenían voto unos treinta millones de indios (la sexta parte de la población adulta), entre ellos algunas mujeres. También gracias a la Ley India el Congreso Nacional Indio pasó de ser un movimiento de masas a constituir un verdadero partido político, que además disfrutaba de un prestigio sin precedentes, gracias a la popularidad de Mohandas Gandhi.

En 1937 se celebraron elecciones generales, en las que el Partido del Congreso ganó por una aplastante mayoría y consiguió nueve de un total de once ministros. Al conocer la noticia, Gandhi exclamó: *A partir de ahora los carceleros permiten que los presos elijan personalmente a sus guardianes*. Además de este irónico comentario, recordó a los ministros recién elegidos su obligación de solucionar el principal problema de la India: el hambre. Tras estas elecciones, los líderes musulmanes se quejaron de favoritismo hacia los hindúes por parte del Congreso, así como del fomento de la lengua hindi y de símbolos propios del hinduismo, como la vaca. Estas acusaciones eran ciertas, pero no es menos cierto que los dirigentes de la Liga Musulmana tenían como objetivo propiciar el enfrentamiento entre hindúes y musulmanes.

También en el año 1937 los británicos concedieron la independencia a Birmania (actual Myanmar), que desde 1885 era un estado perteneciente a India. Durante la década de los años 30 se habían sucedido numerosas rebeliones. Sin embargo, el pueblo birmano no consideró la independencia como un triunfo, sino un modo de excluir a su región de las siguientes etapas que conducirían a la independencia de la India.

En 1938 Gandhi emprendió de nuevo un viaje, esta vez junto a Ghaffar Khan, al que había conocido en el año 1919 en la cárcel tras las revueltas provocadas por el «decreto Rowlatt». Ghaffar Khan, conocido como «Gandhi de las fronteras», era jefe de los pastunes, violentos guerreros musulmanes que vivían en la frontera con Afganistán. Los pastunes son un pueblo muy independiente y belicoso que proporcionó numerosos quebraderos de cabeza al Imperio Británico, que no logró nunca pacificarlos del todo. Ambos se dirigieron a pie hacia las montañas que separaban entonces el noroeste de la India de Afganistán (actualmente separan Pakistán de Afganistán) para encontrarse con los pastunes y conocer la situación en la que vivían.

VII. LA INDEPENDENCIA
DE LA INDIA

Segunda Guerra Mundial

El 1 de septiembre del año 1939 Adolf Hitler ordenó la invasión de Polonia y dos días después Gran Bretaña declaró la guerra a Alemania. Así comenzó la Segunda Guerra Mundial. Ese mismo día, el 3 de septiembre, el gobierno británico hizo partícipe a la India de la guerra, sin ninguna consulta previa. El Congreso estaba dispuesto a apoyar a Gran Bretaña, siempre y cuando pudiera conseguir a cambio ciertos avances en el camino de la India hacia la independencia.

Gandhi se manifestó públicamente en contra de la participación de su país en la guerra, así como también expresó sus discrepancias con la política del Partido del Congreso. Para Gandhi la no-violencia era un fin en sí mismo, mientras que para el Congreso era una política, un medio utilizado con vistas a la consecución de ciertos beneficios. Sin embargo, no hay que olvidar que en la Primera Guerra Mundial Gandhi no sólo había prestado su ayuda a Gran Bretaña, sino que incluso había reclutado soldados. Cuando los periodistas se lo recordaron, Gandhi se limitó a decir: *He evolucionado de una verdad a otra.*

Ante la invasión nazi de Polonia, Gandhi escribió una carta, tan humilde como ingenua, dirigida a Adolf Hitler, en la que le pedía la paz. Esta guerra entristecía de modo especial a Gandhi, no sólo por las mismas razones por las que le hubiera apenado cualquier guerra, sino por el feroz antisemitismo que se estaba desatando en Alemania. En esta carta, Gandhi decía: *Es evidente que actualmente es usted el único ser humano en la Tierra que puede evitar una guerra que convertiría a la humanidad en un montón de*

143

basura. Si ése es el precio, ¿compensa el pago? No es necesario decir que Hitler nunca respondió a dicha carta.

Meses antes de que estallara la guerra, en noviembre de 1938, Gandhi había escrito: *Si pudiera existir jamás una guerra justificable para la humanidad, sería una guerra contra Alemania para impedir el insensato aniquilamiento de toda una raza.* Nos parece relevante presentar aquí esta cita para hacer ver la indignación y el dolor que Gandhi sentía ante las atrocidades nazis, especialmente las cometidas contra los judíos. Sin embargo, a pesar de esta afirmación, sus ideales pacifistas le impedían estar de acuerdo con la guerra.

El gobierno británico no aceptó la propuesta del Partido del Congreso de Nehru. A pesar de ello, sin embargo, se incluyó a la India en los preparativos para la guerra sin contar con los representantes del Partido del Congreso, es decir, que aceptaron su propuesta pero no pensaban ofrecer nada a cambio, de tal modo que los nueve ministros del Partido presentaron su dimisión. Ante semejante problema, Nehru pidió consejo a Mohandas Gandhi, quién aceptó la reconciliación con el Partido a cambio de que aceptasen sin condiciones las medidas que él propusiera. Asimismo, advirtió que todas ellas estarían siempre dentro de los límites de la no-violencia y la no-colaboración con Gran Bretaña.

Casi inmediatamente, en octubre de ese mismo año, Gandhi comenzó una campaña de desobediencia civil sobre la guerra. Seleccionó a numerosos de sus seguidores para llevar a cabo una campaña antibélica en la que explicarían a sus compatriotas las razones de la no-cooperación. Hacia finales de 1941 habían sido encarceladas más de veintitrés mil personas por hacer propaganda antibélica.

En mayo de 1940, ante la invasión nazi de los Países Bajos, dimitió el Primer Ministro británico, Chamberlain. En aquel momento se formó un gobierno de coalición que englobaba a todos los partidos políticos excepto los más radicales, tanto de izquierdas como de derechas. El nuevo Primer Ministro, además de Ministro de Defensa, sería Winston Churchill, quien el 10 de noviembre, afirmó: *No he llegado a Primer Ministro para presidir la liquidación del Imperio Británico.*

En 1941 Gandhi escribió de nuevo a Adolf Hitler, pero esta vez la carta fue retenida por las autoridades británicas. También escri-

144

bió a los líderes de los países aliados para reprocharles que lucharan contra su enemigo con sus mismas armas.

La guerra llega al Pacífico

El 7 de diciembre de 1941 la aviación japonesa, aliada con la Alemania nazi, bombardeó Pearl Harbor. Esto provocó la entrada de Estados Unidos en la Segunda Guerra Mundial, así como la creación de un frente en el Pacífico. Al día siguiente del bombardeo de los buques norteamericanos, las tropas japonesas ocuparon Shangai y Siam y desembarcaron en la Malasia británica. A finales de diciembre conquistaron Hong-Kong, en febrero de 1942 la base británica de Singapur y un mes después, en marzo, Java, Sumatra y Birmania. Mientras tanto, los alemanes avanzaban por el norte de África hacia el este, en dirección a Egipto y Palestina. Algunos observadores, ante el imparable avance de ambos ejércitos, hablaban ya de una confluencia de ambas potencias en la India. La guerra, que tan lejos de allí había comenzado, estaba ahora a las puertas del milenario país que, sin embargo, se negaba a participar en ella.

El presidente estadounidense, Franklin Delano Roosevelt, presionó a Churchill para que ofreciese a la India la posibilidad de lograr algún tipo de independencia cuando acabase la guerra a cambio de su colaboración. Churchill no era partidario de ceder a dichas presiones, pero los miembros laboristas del gobierno de coalición británico sí eran defensores de la independencia de la India. Así, el Primer Ministro se vio obligado a enviar a Sir Stafford Cripps a negociar a la India en marzo de 1942, pero no fue capaz de lograr ningún tipo de acuerdo con el Partido del Congreso, la Liga Musulmana, los príncipes indios ni ningún otro grupo político o social.

En esa misma época, Nehru declaró: *Lucharía contra Japón espada en mano, pero sólo puedo hacerlo como hombre libre.*

«Quiero la libertad»

En agosto del año 1942 el Partido del Congreso aprobó una resolución propuesta por Gandhi, es la llamada *Quit India Resolution,* «Resolución Marchaos de la India». En ella, el Partido exigía la independencia, y constituía un verdadero llamamiento a la lucha no-violenta. Se decidió que fuera Gandhi el que dirigiera esa lucha; por lo tanto, el comité del Partido le solicitó formalmente que volviera a aceptar la dirección nacional. Poco después, en un teatro de Bombay, el *Mahatma* pronunció las siguientes palabras: *Quiero la libertad inmediatamente, esta misma noche, antes del amanecer si es posible. Vamos a liberar la India o a morir, pero no viviremos para ver perpetuarse nuestra esclavitud.*

Inmediatamente después de este discurso, los dirigentes del Partido del Congreso, Gandhi incluido, fueron detenidos por órdenes del virrey. Por respeto a su edad, setenta y tres años, el *Mahatma*, junto a varios de sus colaboradores, fue recluido en uno de los palacios del Aga Khan, situado cerca de Yeravda. También fue detenida Kasturbai al anunciar que hablaría en un mitin en el que su marido tenía previsto hablar. Fue encarcelada junto a Mohandas Gandhi.

Una vez más, las detenciones desataron la violencia del pueblo. En poco más de un mes, fueron atacadas o incendiadas quinientas oficinas de correos, doscientas cincuenta estaciones de ferrocarril y doscientas cincuenta líneas del telégrafo, así como numerosas comisarías de policía. La reacción de las autoridades británicas no se hizo esperar y, al igual que en ocasiones anteriores, la represión fue durísima. Desde su palacio-cárcel, Gandhi escribió una carta al virrey en la que se quejaba por la brutalidad de las represalias gubernamentales y anunciaba un ayuno de veintiún días como protesta y para que el pueblo recobrara la calma.

Sin embargo, esta vez el ayuno, a pesar de dejarle terriblemente debilitado, no conmovió ni al pueblo ni a las autoridades, y continuaron tanto la violencia de las masas como la represión británica. El *Mahatma,* tras recuperarse de la huelga de hambre, no dejaba de reflexionar sobre los pasos que debería seguir a partir de entonces.

Muerte de Kasturbai

A principios del año 1944, cuando Kasturbai llevaba año y medio recluida, enfermó de bronquitis aguda. Paradójicamente, la intervención de Mohandas Gandhi en la enfermedad de su mujer fue más perjudicial para ella de lo que hubieran sido los cuidados

146

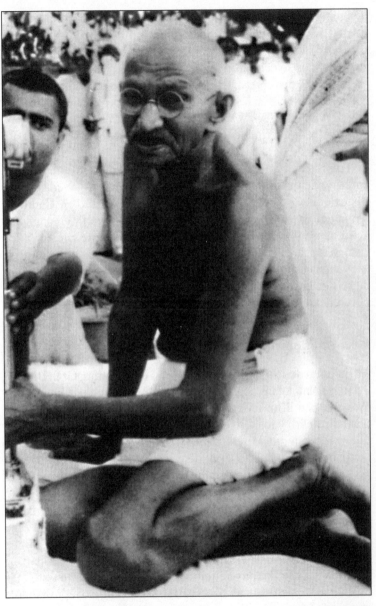

*A cada detención de líderes nacionalistas, Gandhi respondía promoviendo
acciones de desobediencia civil.*

de cualquier médico. Su marido se negó a que le administraran penicilina, único medicamento que hubiera podido curar su bronquitis. Gandhi confiaba ciegamente en la medicina natural y sus cuidados se centraron en los tratamientos naturópatas.

Así, el 22 de febrero, tras sesenta y dos años de vida en común, Kasturbai falleció en las rodillas de su esposo, que exclamó: *No me puedo imaginar vivir sin Ba*. Al igual que el pueblo le llamaba a él *Bapu* (padre, refiriéndose a él como Padre de la India), su esposa era conocida como *Ba* (madre).

Tras la muerte de su esposa, el *Mahatma* cayó gravemente enfermo de malaria y disentería, probablemente agravadas por la tristeza que le había causado la pérdida de Kasturbai. Churchill temía que muriera en la cárcel y se pudiera convertir en un mártir de la causa independentista, así que ordenó que le excarcelaran. Ésta sería su última estancia en la cárcel, por aquel entonces, Mohandas Gandhi tenía setenta y cuatro años y había pasado más de seis de ellos privado de libertad. Un total de 2.338 días: 249 de ellos encarcelado en Sudáfrica y 2.089 en la India.

Desmembramiento de la India

En junio de 1945, cercano ya el final de la guerra, Gran Bretaña decidió reanudar las negociaciones sobre el futuro de la India. Lord Wavell (penúltimo virrey de la India) se reunió con Jinnah, Gandhi, Nehru y los dirigentes del Congreso, que habían sido liberados recientemente, en Simla, capital de verano de la India (actualmente capital del estado de Himachal Pradesh), situada al norte del país, entre Cachemira y el Panchab. Ante la propuesta de Gran Bretaña de que la Liga Musulmana y el Partido del Congreso formaran un gobierno provisional en el que hindúes y musulmanes estuvieran representados en igual proporción, Jinnah expresó su intransigencia, ya que no aceptaría a ningún miembro musulmán que no hubiera sido elegido por él. El Congreso aglutinaba a miembros de todas las religiones incluidos, por supuesto, los musulmanes, pero Jinnah quería erigirse en el único representante de su religión en el país, y estaba dispuesto a sacrificar cualquier avance político antes que ceder. Tanto el virrey como el Partido del

Congreso estuvieron de acuerdo en que el fracaso de las negociaciones se debió a la postura de la Liga Musulmana.

Como comentamos anteriormente, ya en 1933 había nacido el proyecto de crear un estado musulmán independiente de la India, pero fue en este momento en el que dicho proyecto comenzó a tomar cuerpo. Desde la Liga Musulmana, Mohammed Alí Jinnah, defendía la construcción del estado islámico de Pakistán. No debemos olvidar que la principal característica de su partido, la Liga Musulmana, era ser un partido exclusivamente religioso. Pero Mohammed Alí Jinnah no se limitó a entorpecer el proceso de independencia, tan largamente esperado, sino que también lanzó una amenaza convocando a los musulmanes a un día de acción directa: *O provocaremos la división de la India o provocaremos su destrucción.* Para Gandhi, era lo peor que podía suceder: que se produjera una escisión entre los partidarios de la independencia de la India.

Un mes después del fracaso de las negociaciones de Simla, el Partido Laborista salió elegido en Gran Bretaña y el conservador Winston Churchill fue sustituido como Primer Ministro por Clement Attlee. La guerra estaba a punto de acabar y Gran Bretaña había sufrido enormes pérdidas, tanto humanas como económicas, en ella. Ya no podía mantener un gran imperio colonial, y, además, el pueblo británico, al igual que el Partido Laborista, ya era muy favorable a la independencia de la India. De este modo, se empezaron a acelerar las gestiones para garantizar la independencia a medio plazo.

El 6 y el 9 de agosto de 1945, el ejército estadounidense lanzó dos bombas atómicas sobre las ciudades japonesas de Hiroshima y Nagasaki. Este hecho se produjo cuando Alemania ya se había rendido y Japón estaba virtualmente vencido y, además, no fue un acto de combate, sino una represalia contra la población civil. Por lo tanto, podríamos considerarlo como una demostración de fuerza por parte de los Estados Unidos que puso el punto final a la guerra y dejó claro al mundo quién poseería la hegemonía política y económica a partir de entonces.

Al conocer la noticia del lanzamiento de la primera bomba atómica sobre Hiroshima, el *Mahatma,* según relataría más tarde, no movió un músculo. Simplemente pensó: *A menos que el mundo adopte ya la no-violencia, verdaderamente la humanidad acabará suicidándose.* Opinaba que precisamente la no-violencia era lo único que no podía destruir una bomba atómica.

Dificultades para la independencia

Sin embargo, era realmente difícil lograr un acuerdo entre musulmanes e indios, por lo que Gran Bretaña envió en marzo de 1946 una comisión para intentar trazar un plan que contentara a ambas comunidades. Su propuesta incluía una federación de tres grupos de provincias: dos de estos grupos estarían formados por las provincias del este y del oeste, de mayoría musulmana, mientras que el tercero incluiría las regiones del centro y del sur, habitadas por una mayoría hindú. Estos tres grupos de provincias estarían subordinados a un gobierno común en temas de defensa, asuntos exteriores y comunicaciones. Éste era un plan que respondía a las expectativas tanto británicas como hindúes y que, al mismo tiempo, garantizaba lo esencial de las exigencias de la Liga Musulmana. Sin embargo, la política socialista que Jawaharlal Nehru deseaba implantar para erradicar de la India la pobreza y las fatales consecuencias del colonialismo exigía un gobierno central fuerte que pudiera transformar el país en una potencia industrial. También las asociaciones indias de comerciantes e industriales apoyaban la idea de Nehru. Por lo tanto, en julio de 1946, Nehru rechazó en público la propuesta británica y sugirió que las provincias debían ser libres para poder unirse al grupo que quisieran. Era consciente de que esta decisión llevaba directamente a la división de la India en dos estados y favorecía la creación de un Pakistán independiente, pero prefería sacrificar la unidad de la India a favor de un estado fuerte capaz de controlar la economía.

Incendio de Calcuta

Mohammed Alí Jinnah, al no lograr el acuerdo que más convenía en aquel momento a la comunidad musulmana, decidió presionar al Congreso recurriendo a la acción directa. De esta manera el 16 de agosto los musulmanes se lanzaron a la calle convocados por la Liga Musulmana, dispuestos a demostrar a británicos e hindúes lo que eran capaces de llegar a hacer por la consecución de un estado musulmán. En los cuatro días siguientes se desató la violencia entre musulmanes e hindúes en la llamada Gran Matanza de Calcuta.

Entonces se decía en la India que el peor castigo del mundo, el infierno en vida, era ser intocable en los suburbios de Calcuta. Los musulmanes decidieron hacer realidad ese dicho popular e incendiaron numerosas chabolas de los populosos barrios en los que vivían los parias. Los musulmanes iban armados y, chillando, mataban a todos los hindúes que se cruzaban en su camino. En una única jornada se produjo un balance de más de cuatro mil muertos de ambas comunidades y miles de personas heridas o sin hogar.

La respuesta hindú no se hizo esperar y se desató un verdadero combate entre hindúes y musulmanes. Al este del estado de Bengala, en el distrito de Noakhali, en el que los hindúes eran apenas un 20 por ciento de la población, los musulmanes llevaron a cabo una nueva matanza en la que perecieron unas diez mil personas y se calcula que otras tantas tuvieron que convertirse al Islam a la fuerza. Los hindúes hicieron lo mismo en Bihar, uno de los estados más pobres de la India, donde asesinaron a más de siete mil personas.

En vista de la situación, los británicos aceleraron aún más el proceso de independencia. Veían en la India un polvorín a punto de explotar en forma de guerra civil, de modo que, teniendo en cuenta también la situación económica de Gran Bretaña tras la guerra, convirtieron en una prioridad el desvincularse de una colonia con semejantes problemas.

El hecho de que las regiones con mayoría musulmana, el Punjab y Bengala, estuviesen situadas en los extremos del país, suponía un gran problema. Ciertos dirigentes musulmanes bengalíes eran muy reacios a subordinarse a la lejanísima región del Punjab, por eso abogaban por una Bengala independiente. Sin embargo, el Congreso prefería que se integrara con las provincias del oeste para formar el estado de Pakistán, ya que, de esta forma, podría reclamar el dominio de la parte occidental, de mayoría hindú. Este estado de cosas estallaría finalmente años después, en 1972, cuando Bengala Oriental, agraviada por el trato que recibía en Pakistán, se independizaría con el nombre de Bangladesh.

Tras las discrepancias surgidas en las conversaciones con los representantes británicos, en septiembre de 1946 se constituyó un gobierno provisional hasta que se formalizara la independencia. Este gobierno estaba formado únicamente por el Partido del Congreso, y Jawaharlal Nehru era el Primer Ministro. Jinnah se negó a formar parte de este gobierno, aunque más tarde, ante la presión del virrey, acabó cediendo. Una vez instalado Nehru como Primer Ministro, Gandhi le escribió una carta en la que le recordaba las obligaciones que había contraído con su pueblo: la abolición de la casta de los intocables y la unión de musulmanes e hindúes. A pesar de no formar parte del gobierno formalmente, prácticamente todos los ministros acudían frecuentemente a su cabaña del distrito de los intocables de Nueva Delhi, donde vivía en este momento, para pedirle consejo.

Los últimos meses de aquel año fueron realmente caóticos en la India: se sucedían continuos enfrentamientos entre hindúes y musulmanes, además de huelgas, manifestaciones y revueltas de todo tipo. Y, para agravar la situación, al mismo tiempo la administración iba dejando de funcionar en algunas regiones.

Peregrinación

En noviembre de ese mismo año, Gandhi les comunicó a sus seguidores que tenía previsto dirigirse en peregrinación a las aldeas del distrito de Noakhali, escenario de varias matanzas de hindúes llevadas a cabo por musulmanes. Sus amigos y colaboradores intentaron disuadirle, dada su edad (era ya un anciano de setenta y siete años) y su precario estado de salud. Además, Noakhali, situada en los pantanos del delta formado por los ríos Ganges y Brahmaputra, es una de las zonas más inaccesibles de toda la India. El *Mahatma* decidió que le acompañarían cuatro de sus discípulos y su sobrina nieta Manu, a la que llamaba «mi muleta», ya que se apoyaba en su hombro. Manu era huérfana, tenía diecinueve años y había sido criada y educada por Kasturbai, a quien consideraba su madre. A la muerte de Kasturbai, Gandhi le había prometido que seguiría cuidando de Manu.

Su exiguo equipaje consistía en: aguja e hilo, un cuenco de barro, una cuchara de madera, lápiz y varios sobres usados. También llevaba consigo varios libros: el *Bhagavad Gita,* el

Corán, *Práctica y Preceptos de Jesús* y una selección de pensamientos judíos, y tres pequeñas esculturas de marfil que siempre le acompañaban. Las figuras representaban a tres monos: uno con las orejas tapadas, otro con los ojos tapados y el tercero con la boca tapada, que representan los tres secretos de la sabiduría: «No escuches el mal, no veas el mal, no digas el mal».

Con este equipaje y sus cinco acompañantes, caminó descalzo durante casi cuatro meses (desde el 7 de noviembre de 1946 hasta el 2 de marzo de 1947) en los que recorrieron 185 km y visitaron hasta cuarenta y nueve aldeas. En todas ellas realizó un sencillo gesto encaminado a lograr la paz entre musulmanes e hindúes: solicitaba hospitalidad en casa de un musulmán y, si éste le rechazaba, se dirigía a la vivienda de otro musulmán, hasta encontrar alguno que le brindara su hospitalidad. Siguiendo la tradición mendicante budista, vivía de aquello que le ofrecían en el camino. Una vez en Bengala, le acompañaron varios miembros del gobierno regional.

En su peregrinar por las aldeas, puso en práctica un sencillo método para intentar pacificar las disputas entre musulmanes e hindúes: en cada aldea, llamaba a algún dirigente hindú y otro musulmán que estuvieran dispuestos a escuchar su propuesta y les convencía para que, en caso de que se produjera algún estallido de violencia, el jefe de la comunidad que hubiera comenzado la ofensiva se comprometiera a realizar un ayuno a muerte hasta que las dos comunidades reestablecieran la paz. En todas las aldeas habló a favor de la paz.

Durante toda la peregrinación, encontraba a menudo excrementos, espinos y vidrios rotos que los partidarios de la acción armada esparcían por los lugares por donde él iba a pasar, ya que probablemente sabían que, como penitencia, caminaba la mayor parte del tiempo descalzo. El propio Gandhi se encargaba de limpiar el camino con una rama de palmera, no permitía que sus discípulos lo hicieran por él.

Aunque consiguió ciertas mejoras, el *Mahatma* fue incapaz de reestablecer la fraternidad entre hindúes y musulmanes, por lo que, al marcharse, prometió que regresaría para continuar con su labor.

Grave escándalo

Tras la peregrinación al distrito de Noakhali, se desató un gran escándalo que tuvo una enorme repercusión entre sus seguidores y en todo el país, un escándalo sexual en el que estaba implicada su sobrina-nieta, Manu.

En cierta ocasión, Manu le había confesado que nunca había experimentado ningún tipo de deseo sexual. Gandhi, que había luchado durante toda su vida contra la lujuria, encontró en Manu a la seguidora ideal que, libre del impulso sexual, podía entregarse en cuerpo y alma a la causa de la no-violencia y la búsqueda de la verdad. Pero antes debía asegurarse de que las palabras de Manu eran ciertas. Para ello, le pidió permiso para ponerla a prueba, a lo que ella accedió. Dormirían juntos, y si los dos eran fieles a sus votos, él al de castidad y ella al de pureza, no correrían ningún peligro.

Los adversarios de Gandhi, al conocer este «experimento», comenzaron a divulgarlo con el fin de dar una imagen del *Mahatma* como un viejo lascivo y pronto incluso los periódicos se hicieron eco de todo tipo de rumores. En una oración pública, Gandhi respondió a las acusaciones, diciendo que eran *murmuraciones de malas lenguas*. Resulta extraño que un astuto líder político como había demostrado ser el *Mahatma* fuera tan ingenuo como para no darse cuenta de que semejante comportamiento podía dar lugar a todo tipo de acusaciones. En cualquier caso, a partir de aquel momento, Manu dejó de acompañarle en algunos viajes, para no dar pie a nuevos rumores.

La independencia cada vez más cerca

El 24 de marzo de 1947, Louis Mountbatten, nieto de la reina Victoria, fue nombrado virrey de la India. Sería el último. A su toma de posesión asistió Jawaharlal Nehru, así como los demás dirigentes del Partido del Congreso, con el gorro blanco que había popularizado Gandhi y que se había convertido en uno de los símbolos de la lucha por la independencia.

Al día siguiente se volvieron a producir en las calles de Calcuta varios enfrentamientos entre musulmanes e hindúes, que se saldaron con noventa y nueve muertos. Poco después se extendieron también a Bombay. Ante tal situación de violencia, Lord Mountbatten se dispuso a acelerar los trámites para la independencia y mantuvo varias entrevistas con los líderes políticos más relevantes. En aquellos momentos Gandhi se encontraba en Bihar, donde se había desplazado tras su viaje a Bengala, y para facilitarle el viaje hasta Delhi, donde se mantendría la entrevista, el virrey le ofreció un avión privado. El *Mahatma* no aceptó y, siguiendo su costumbre, realizó el viaje en tercera clase. En el trayecto hasta Delhi le robaron una de sus posesiones más preciadas, un reloj barato que llevaba atado a la cintura con una cuerda. Este robo le causó una gran tristeza, ya que opinaba que *Para consagrar cada minuto de la vida a Dios es necesario saber la hora.* Seis meses más tarde, un desconocido le devolvería el reloj.

Gandhi expuso su propuesta a Lord Mountbatten: *En lugar de dividirla, dé la India entera a los musulmanes. Coloque a los trescientos millones de hindúes bajo la dominación musulmana, encargue a Jinnah que forme gobierno y transmítale la soberanía de Gran Bretaña.* Debemos señalar aquí que la población musulmana era de unos cien millones de personas, frente a los trescientos millones que profesaban la religión hindú. El objetivo de Gandhi era evitar a toda costa la división del país, y el hecho de entregarlo a una minoría era una idea coherente con los principios de tolerancia. Había pasado muchos años recorriendo toda la India, y conocía muy bien a su pueblo. Por eso tenía la certeza de que la división en un país musulmán y otro hindú no se realizaría de modo pacífico, sino que podría provocar una verdadera guerra entre las dos comunidades. El virrey, que admiraba enormemente al anciano luchador, se conmovió profundamente ante la demostración de generosidad del *Padre de la Patria* y decidió discutir su propuesta con el Partido del Congreso.

El *Mahatma* convocó a los dirigentes del Partido del Congreso en Delhi para comunicarles el resultado de su entrevista con el virrey. La reunión se celebró en la casa en la que Gandhi se alojaba durante su estancia en la ciudad de Delhi, situada en el barrio de los intocables, Banghi Colony. Los congresistas consideraron una locura la propuesta de Gandhi y no estaban dispuestos a aceptarla. Lo cierto es que cualquiera de las dos propuestas hubiera traído irremediablemente graves enfrentamientos: los musulmanes querían la división, mientras que los hindúes eran partidarios de mantener unida a la India, y ninguna de las dos comunidades (ni sus líderes) estaba dispuesta a ceder.

El 4 de junio, Lord Mountbatten le comunicó oficialmente a Mohandas Gandhi que los dirigentes del Partido del Congreso, la Liga Musulmana y los de la comunidad sij estaban de acuerdo con la partición del país en otros dos, la India (de religión hindú) y Pakistán (de religión musulmana). El propio virrey ostentaría durante un tiempo el cargo de Gobernador General de ambos países, propuesta que fue aceptada por Nehru y rechazada por Jinnah, por lo tanto, sólo fue Gobernador General de la India.

División de la India: Punjab y Bengala

Lord Mountbatten envió a Londres en julio su plan para la división del país, una vez acordado con el Congreso y la Liga Musulmana. Quedaba establecida la división de la India en dos estados independientes: la India y Pakistán. Las provincias con mayoría musulmana pasarían a formar parte de Pakistán, mientras que el resto formarían parte de la India. En cuanto a los estados del Punjab y Bengala, donde las dos religiones estaban casi igualmente representadas, serían divididos según las recomendaciones de una comisión. El 3 de junio de 1947, el primer ministro británico, Clement Attlee, expuso en el Parlamento la forma en la que se llevaría a cabo la división en dos estados. En un principio se había fijado la fecha de la independencia para el año siguiente, 1948, pero dada la caótica situación que se vivía en la India, decidió adelantar la fecha al 15 de agosto de 1947.

El Punjab era un estado de mayoría musulmana, dieciséis millones de personas profesaban dicha religión, pero allí también vivían quince millones de hindúes y dos millones de sijs. En resumen, los musulmanes eran mayoría pero había más habitantes de otras religiones y, a pesar de las diferencias de culto, todos compartían la misma lengua, el punjabi, y las mismas tradiciones. En cambio, en Bengala convivían treinta y cinco millones de hindúes frente a treinta de musulmanes que no compartían ni lengua ni cultura.

El Punjab es una provincia de tierras fértiles, favorecida por la red de canales de riego construida por los británicos. Conocida como «la tierra de los cinco ríos», era el verdadero granero de la India. Bengala, por el contrario, es una región pobre, en la que se hablan idiomas diferentes a los del Punjab (el principal de ellos es el bengalí) donde sólo se cultivaban arroz y yute. Los monzones se ceban especialmente en esta provincia, que sufre grandes inundaciones. En Bengala se encuentra la ciudad de Calcuta, una de las ciudades y puertos comerciales más importantes de Asia. El territorio de Bengala fue dividido: la Bengala oriental se unió a Pakistán, mientras que la occidental permaneció en la India.

Como vemos, las dimensiones de esta escisión en la India son descomunales, no sólo por la cantidad de territorio involucrado, sino sobre todo por la cantidad de millones de habitantes que se verían afectados por ella. Al margen de los musulmanes de estas dos provincias, había muchos millones que vivían en el resto de la India, y el objetivo de la Liga Musulmana era agruparlos para que se trasladasen al territorio de Pakistán. Tampoco debemos obviar el hecho de que este nuevo país estaba formado por territorios separados por una distancia de 1.200 km.

En las semanas previas a la declaración de independencia, se llevó a cabo el traspaso de poderes de Gran Bretaña a los futuros gobiernos de la India y Pakistán. Gran Bretaña había acumulado una deuda de cinco mil millones de dólares que tuvieron que asumir los dos países: Pakistán el 15 por ciento y la India el resto. En cuanto al dinero estatal de los bancos, el 17 por ciento sería para Pakistán y el restante para la India. Los bienes materiales se repartieron en un 80 por ciento para la India y un 20 por ciento para Pakistán. Jawaharlal Nehru sería el primer ministro de la India y Jinnah, presidente de Pakistán.

Durante todo aquel verano, más de doce millones de personas abandonaron sus hogares, los musulmanes con rumbo a Pakistán y los hindúes con destino a la India. En su mayoría eran campesinos pobres y analfabetos que, con sus escasas pertenencias (animales y herramientas de trabajo) caminaron hasta 500 km bajo el sol formando columnas de hasta 80 km de longitud. El destino quiso que el mes de julio de aquel año fuera el más caluroso y seco del siglo, por lo que el hambre, la falta de agua y las enfermedades se cebaran en los más perjudicados por las decisiones políticas de sus líderes.

La India, por fin, independiente

El momento fijado para la independencia de la India fue la noche del 14 al 15 de agosto de 1947. Para evitar estallidos de violencia, Lord Mountbatten daría a conocer el trazado definitivo de las fronteras el 16 de agosto, un día después de la independencia.

El 14 de agosto, horas antes de que se produjera la tan esperada independencia de su país, en su oración de las cinco de la tarde Gandhi pronunció estas palabras: *A partir de mañana quedaremos libres del yugo de Gran Bretaña. Pero a partir de esta noche, la India se encontrará dividida. Mañana será un día de fiesta, pero también un día de luto.*

Algo después, a las once de la noche, Nehru se dirigió a sus compatriotas:

> *Hace muchos años, establecimos una cita con el destino y ha llegado el momento de cumplir nuestra promesa... A medianoche, cuando los hombres duerman, la India despertará a la vida y a la libertad. Se aproxima el instante, un instante rara vez ofrecido a la Historia, en que un pueblo sale del pasado para entrar en el futuro.*

Como vemos, las palabras de Nehru son las de un político, las del *Mahatma,* las de un hombre sabio que es capaz de ver la realidad en toda su dimensión.

En la mañana del 15 de agosto, que había sido declarado día de Fiesta Nacional, Gandhi, que se encontraba en el *ashram* de Sodepur, situado en Bengala, se dirigió hacia la ciudad de Calcuta, para prevenir posibles reacciones violentas.

Resulta importante señalar aquí uno de los rasgos que hace que Mohandas Gandhi sea un personaje único en la Historia: a pesar de poner los medios para que su pueblo lograra liberarse de un imperio colonial, rechazó el poder político cuando estuvo al alcance de su mano. Ésta es, quizá, la prueba más concluyente de que los objetivos que le movían en su lucha eran puramente idealistas. Todo el país festejaba la independencia mientras el *Mahatma* ayunó durante todo el día y lo consagró a la oración. Escribió cartas dirigidas a los ministros de Bengala y el Punjab. En ellas les aconsejaba: *A partir de hoy, van ustedes a llevar una*

*Durante una tregua entre los nacionalistas y el gobierno británico,
representado por Sir Stafford Cripps.*

corona de espinas. Desconfíen del poder: el poder corrompe. No
se dejen engañar por los fastos y sus oropeles. Acuérdense de que
trabajan para servir a los pobres de los pueblos de la India. Que
Dios les ayude.

La bandera del Imperio Británico (llamada *Union Jack*, que combina símbolos nacionales de Inglaterra, Escocia e Irlanda) dejó de ondear en las instituciones nacionales. Fue sustituida por la nueva bandera de la India, formada por tres franjas de color naranja, blanco y verde. Gandhi propuso que la rueca de hilar fuera incluida en la bandera, como símbolo de la autogestión de los más pobres, pero esta propuesta no fue aceptada. En lugar de la rueca, en el centro de la bandera aparece representada la rueda del emperador Ashoka (fundador del primer imperio hindú), que simboliza la rueda del orden cósmico. Esta rueda está enmarcada por dos leones que simbolizan la fuerza y el valor.

Consecuencias de la partición del país

El 16 de agosto, Lord Mountbatten entregó a Jinnah y Nehru las fronteras de los recién creados estados de la India y Pakistán en un sobre cerrado. Para algunas zonas del país, las fronteras supusieron una verdadera ruina económica, ya que separaban territorios cuyas economías se basaban en productos que se manufacturaban en lugares que ahora se encontraban en un país diferente y viceversa. Éste fue el caso de Bengala, cuyos terrenos cultivados con yute estaban en territorio paquistaní mientras que cientos de fábricas de transformación de yute habían quedado en la India sin materia prima con la que trabajar. Asimismo, muchos canales de riego tenían las compuertas de alimentación en un país y la red de distribución en otro.

El nuevo estado de la India tenía ahora unos trescientos veinte millones de habitantes. Entre ellos, había doscientos millones de hindúes, setenta millones de intocables, cuatro de cristianos, seis de sijs, unos cien mil parsis y alrededor de veinticinco mil judíos. No todos los musulmanes habían abandonado la India para habitar el nuevo estado musulmán de Pakistán, hasta treinta y tres millones se habían negado a abandonar su hogar. En esta amalgama de religiones, convivían quince idiomas oficiales y hasta ochocientos cuarenta y cinco dialectos. Los maharajás y *nizams* de los pequeños estados principescos se integraron en uno u otro país.

La India, al igual que sucedía (y sucede) en la mayor parte de los países que fueron colonizados por las potencias europeas, era un país rico; de hecho poseía casi la cuarta parte de las reservas mundiales de hierro. Sin embargo, no tenía la capacidad tecnológica suficiente para aprovechar todo su potencial, ya que su industria apenas estaba desarrollada. La agricultura, en la que se basaba la economía nacional, no daba de comer a toda la población. En los años siguientes a la independencia, Nehru se erigiría en una gran figura sin rival que le hiciera sombra y dirigió el país con gran acierto. Llevó a cabo una política de reformas y modernización de índole fundamentalmente social, centrándose en la reforma agraria y el fomento de la industria.

El precio de la independencia

Desgraciadamente, los temores del *Mahatma* con respecto a las consecuencias de la independencia no tardaron en hacerse realidad: el mismo día que millones de personas celebraban con gran alegría la tan esperada independencia como el comienzo de su libertad, las ciudades de Amritsar y Lahore, separadas apenas por 40 km, sufrieron de nuevo los efectos de una violencia descontrolada. En Amritsar, la ciudad sagrada de los sijs en el Punjab, llegó a la estación ferroviaria un tren lleno de cadáveres de sijs e hindúes. En el último vagón estaba escrito el siguiente mensaje: *Regalo de independencia para Nehru*. El mismo día, pocas horas más tarde, la capital del Punjab, Lahore, fue pasto de las llamas.

Reproducimos aquí las palabras del corresponsal del *New York Times* en la India, ya que expresan el alcance de la violencia desatada tras la división del país: *En la India, hoy, corren ríos de sangre. He visto centenares de muertos y, lo más espantoso de todo: los miles de hindúes sin ojos, sin pies, sin manos. Raros son los que tienen la suerte de morir de una bala.* En total, se estima que la división del país provocó la muerte de alrededor de un millón de personas. Al conocer estos desafortunados sucesos, Gandhi exclamó: *Temo que no sabremos conservar la libertad que hoy hemos ganado.*

En busca de la luz

El *Mahatma, Padre de la Patria* para los hindúes, se hallaba totalmente desolado ante los estallidos de violencia que no cesaban, sobre todo en Calcuta. Gandhi siempre había pensado que la fuerza de la verdad y de la no-violencia serían armas lo suficientemente poderosas para lograr la paz, pero ahora comprobaba que no era así. Expresó su sufrimiento de esta manera:

No percibo ninguna luz en la impenetrable noche. Los principios de verdad, de amor y de no-violencia que me han sostenido durante cincuenta años parecen desprovistos de las cualidades que yo les había atribuido. Ruego por la luz. Busco en lo más profundo de mí. Sólo el silencio puede ayudarme.

Dedicó dos días a la meditación en silencio y el 2 de septiembre volvió a comenzar un ayuno a muerte *hasta que Calcuta recupere el sentido común.* Pero esta vez Gandhi era un anciano muy debilitado y, ya desde las primeras horas de ayuno su ritmo cardíaco comenzó a ser muy irregular. Los ciudadanos de Calcuta se conmovieron ante el valeroso gesto del anciano Gandhi y le rogaron que finalizara la huelga. Gandhi respondió: *Prefiero morir inmediatamente antes que veros caer en la locura.*

Los líderes musulmanes, sijs e hindúes le aseguraron que la situación estaba bajo control y la violencia había terminado. Gandhi, incrédulo, les pidió que escribieran todo aquello y lo firmaran. Dos días más tarde, el 4 de septiembre, terminó su ayuno. Cuando se conoció la noticia, se reunieron más de cien mil personas para agradecerle su gesto y su valor. Gandhi explicó, con el débil hilo de voz que le permitían sus escasas fuerzas: *Calcuta posee hoy la llave de la paz en la India. El menor incidente que se produzca aquí puede originar repercusiones incalculables en otras partes. Aun cuando el mundo se abrasara, debéis hacer que Calcuta quede fuera de las llamas.*

Gracias a él, la violencia cesó finalmente en Calcuta y en toda la provincia de Bengala. Lord Mountbatten se vio obligado a reconocer la grandeza del *Mahatma: En el Punjab tenemos una fuerza de cincuenta y cinco mil soldados y violentos disturbios a los que hacer frente. En Bengala, nuestra fuerza de intervención se compone de un solo hombre, y no hay disturbios.*

Una vez pacificada Calcuta y el estado de Bengala, el 9 de septiembre Gandhi llegó a la ciudad de Delhi, donde habían acudido miles de refugiados y cuya situación era también muy violenta y difícil. Se habían establecido campamentos a las afueras de la ciudad para evitar los problemas que semejantes multitudes pudieran provocar allí. En sus estancias en Delhi, Gandhi solía alojarse, como ya hemos comentado anteriormente, en el barrio de los intocables, Bhangi Colony. Sin embargo, esta vez no pudo alojarse allí, ya que miles de refugiados hindúes y sijs del Punjab habían ocupado totalmente el barrio. Se alojó en Birla House gracias a la hospitalidad de un adinerado empresario textil parsi y, a pesar del deterioro en su salud que había supuesto su último ayuno, no dejó de acudir ni un solo día a los campos de refugiados. La situación de estos refugiados era realmente preocupante, más de treinta mil personas vivían en unas cien tiendas y Gandhi quiso visitarlos junto a Nehru para estar a su lado. Una vez allí Gandhi intentó organizar el campamento, enseñó a los refugiados cómo construir letrinas y creó un dispensario. Nehru no pudo evitar romper a llorar ante tanta desolación.

En este momento, Gandhi expresó a Birla, quien le acogía en Delhi, su deseo de visitar Pakistán. Su intención era intentar que hindúes y musulmanes se respetasen mutuamente. Birla le aconsejó que no viajara al país musulmán, ya que su vida correría un grave peligro. La respuesta del *Mahatma* fue: *Nadie puede acortar mi vida un solo minuto. Pertenece a Dios.*

El conflicto de Cachemira

Cachemira está situada en un lugar estratégico, entre la India, China, Tíbet, Pakistán y Afganistán, y era un territorio muy disputado tanto por la India como por Pakistán. En el momento de la independencia y división de la India británica, el maharajá no se decantó por ninguno de los dos países, ya que su objetivo era establecer un estado independiente. Sin embargo, cuando la zona norte de la región fue invadida por los guerreros pastunes, provenientes de las montañas de Pakistán, el maharajá, de religión hindú, pidió ayuda a Nehru a cambio de su integración en la India.

Es necesario señalar para entender el conflicto en toda su dimensión que la mayoría de los habitantes de su reino, el 70 por ciento, era musulmán. Ante esta situación, Alí Jinnah declaró la guerra a la India en 1948 y Cachemira fue dividida: una pequeña región montañosa del norte quedó bajo dominio paquistaní y el resto del reino, incluido el rico valle en el que se encuentra su capital, Srinagar, pasaron a la India.

Ante la ocupación paquistaní del norte de Cachemira, Jawaharlal Nehru reaccionó negándose a entregar a Pakistán los quinientos cincuenta millones de rupias que le correspondían de acuerdo con las negociaciones llevadas a cabo meses antes. Afirmó que el pago no se realizaría hasta que Pakistán abandonase las tierras ocupadas de Cachemira. Para Gandhi, éste fue un acto deshonroso, ya que lo moralmente justo para él era que se cumpliesen los acuerdos pactados, al margen de los cambios circunstanciales que pudieran haberse producido.

Pakistán buscó apoyo internacional y llevó el asunto ante la recién creada Organización de las Naciones Unidas en 1948, que negoció un alto el fuego en la llamada «línea de control». También envió un contingente de observadores a Cachemira que, aún hoy, sigue existiendo.

El último ayuno

El 13 de enero de 1948 Gandhi anunció que emprendería de nuevo un ayuno hasta la muerte, porque, según sus propias palabras *los hindúes, sijs y musulmanes deben decidirse a vivir en paz en este país, como hermanos.* Al día siguiente comenzó su ayuno, pero ese mismo día su tensión arterial y sus riñones comenzaron a resentirse, Gandhi tenía ya setenta y ocho años y su salud no le permitía llevar a cabo semejantes ayunos.

El gobierno de la India, encabezado por Nehru, decidió saldar inmediatamente su deuda con Pakistán para intentar que Gandhi abandonara su ayuno. Además, una gran multitud se agolpó ante su casa con el mismo objetivo. El *Mahatma* se dirigió a ellos con el hilo de voz que le permitían sus fuerzas: *Ocupaos de la patria y de su necesidad de fraternidad. No os atormentéis por mí. El que ha nacido en este mundo no puede escapar a la muerte.* El día 16 sufrió una insuficiencia cardíaca y pronto se hizo público que su estado era crítico. La repercusión de esta noticia fue tal que incluso los empleados de correo escribieron el siguiente mensaje en los sobres que pasaban por sus manos: «Salvemos la vida de Gandhi, seamos todos hermanos en la paz». Era un intento por extender el mensaje de paz y que llegara al mayor número posible de gente. También su hijo menor, Devdas, le escribió una carta en la que le pedía que terminase con su ayuno porque *lo que tu vida puede conseguir, no lo podrá conseguir tu muerte.*

Las tiendas, las oficinas, las fábricas, las escuelas y universidades cerraron como señal de respeto por el Padre de la Patria y algunos refugiados se unieron a él en su ayuno. Pero Gandhi no se dejó impresionar por estos gestos y transmitió un mensaje a través de su sobrina-nieta Manu: *Dejaré de tener el menor interés en esta vida si la paz no vuelve a nosotros, en toda la India y en todo Pakistán. Ése es el sentido de mi sacrificio.*

En la mañana del quinto día de ayuno, se hizo público su parte médico: *Es nuestro deber informar a la nación que debe adoptar sin demora todas las medidas necesarias y cumplir las condiciones exigidas para poner fin al ayuno del Mahatma Gandhi.* Estaba claro que el tiempo se estaba acabando y que su frágil organismo no aguantaría mucho más. Pero a pesar de la amenaza de la muerte, no se rindió, e incluso mandó redactar las siete condiciones que exigía fueran firmadas por todos los grupos religiosos para acabar con su ayuno. Entre dichas condiciones se incluían: la restitución de ciento diecisiete mezquitas musulmanas que habían sido transformadas en templos hindúes y sijs; el fin del boicot a los comercios musulmanes y una garantía de seguridad para todos los viajeros.

Más de cien mil personas se manifestaron en la plaza de la Gran Mezquita de Delhi para exigir a los dirigentes políticos que aceptaran esas siete condiciones. Nehru pronto las aceptó, reconociendo que la figura del *Mahatma* era el verdadero y más ecuánime guía para el país: *Hay en la tierra de nuestra patria algo grande y vital capaz de engendrar un Gandhi. Ningún sacrificio es demasiado para salvarle, pues sólo él puede conducirnos hacia el verdadero objetivo y no al alba engañosa de nuestras esperanzas.*

Finalmente, el 18 de enero, cuando se cumplían siete días del comienzo de su ayuno, los representantes de todas las religiones le entregaron el acuerdo firmado por todos ellos. Gandhi reunió las fuerzas suficientes para susurrarles: *Os pido que consigáis que la India entera recupere la paz. Si la India no cambia, todas vuestras promesas no habrán sido más que una farsa y sólo me quedará morir. Antes prefiero la muerte que asistir a la destrucción de la India, del sijismo y del hinduismo.*

Una vez entregado el documento, aceptó su primer alimento, que consistió en un vaso de leche de cabra y cuatro naranjas. Esa misma tarde, con la ayuda de Manu y Abha, esposa de Kanu Gandhi (nieto de un primo del *Mahatma),* intentó hilar en su rueca para dar ejemplo de voluntad de trabajo.

Ese mismo día el presidente de Pakistán, Alí Jinnah, anunció que recibiría a Gandhi en su país. Éste respondió que en cuanto recuperase las fuerzas realizaría una peregrinación a pie hasta el país musulmán. Pero el destino no quiso que Gandhi cumpliera uno de sus sueños más preciados.

«Todo es ya tiniebla»

El 20 de enero, dos días después de que acabara su ayuno, durante su oración diaria, un nacionalista hindú lanzó una bomba de fabricación casera que explotó lejos y no le provocó ningún daño. Este nacionalista, perteneciente al partido R.S.S. (Rashtriya Sevak Sangha) tenía una ideología muy extremista que defendía la superioridad del hinduismo sobre cualquier otra religión. Consideraban que Gandhi era un traidor por su defensa de las demás religiones y por haber obligado a la India a pagar el dinero que debía a Pakistán. Gandhi escuchó la explosión pero no pensó en ningún momento que pudiera tratarse de un atentado. Cuando más tarde le informaron de lo que había sucedido, mantuvo la calma y aconsejó que no se guardara ningún tipo de rencor contra el joven que había lanzado la bomba. Curiosamente, este joven, llamado Madan Lal, había sido detenido por una anciana que había logrado inmovilizarle hasta que acudió la policía.

Unos días más tarde, la noche del 29 de enero, Gandhi trabajó en la redacción de la nueva constitución del Partido del Congreso. Al día siguiente, la mañana del 30 de enero, pronunció esas palabras ante sus seguidores: *Si todos los que ahora me escucháis caminarais hacia la*

Últimas negociaciones con Lord Mountbatten, virrey de la India.

paz por el sendero de la no-violencia, me iría de este mundo muy satisfecho, aunque muriera abatido por la violencia de los fusiles.

Algo más tarde recibió la visita de Patel, histórico miembro del Consejo que había sido hasta entonces Primer Ministro adjunto. Acababa de presentar su dimisión a Nehru y buscaba el consejo del *Mahatma*. Gandhi le dijo que era fundamental el entendimiento entre los responsables de gobernar al pueblo, y que ante semejante tarea debían dejar a un lado sus diferencias. Juntos comieron frugalmente la que sería la última comida del *Mahatma* Gandhi: leche de cabra, verduras crudas y cocidas y un budín de frutas.

A las cinco y diez Manu le avisó de que se estaba retrasando con respeto a la hora habitual de su oración diaria, así que se dirigió a la plaza donde le esperaban unas quinientas personas. Entre ellas se encontraba Nathuram Godse, que simuló una reverencia, sacó una pequeña pistola del bolsillo y disparó tres veces al pecho del *Mahatma*. Sus últimas palabras fueron: *Oh, Rama, Rama*, que pudo pronunciar antes de desplomarse sobre Singh, el estudiante sij al que años antes había salvado la vida el propio Gandhi.

Nathuram Godse, extremista radical, tenía treinta y cinco años y procedía de una familia de brahmanes profundamente tradicionales muy implicados en las actividades del R.S.S. Paradójicamente, diez años antes había sido encarcelado por seguir las indicaciones pacifistas del propio Gandhi y su campaña de desobediencia civil; sin embargo, su postura había cambiado con el paso del tiempo y había llegado a odiar profundamente al *Mahatma* por su defensa de los intereses de los musulmanes. Godse fue condenado a muerte y colgado el 15 de noviembre de 1949.

Cuarenta y cinco minutos más tarde de que se produjeran los disparos, un comunicado por radio y televisión dio la noticia: *El Mahatma Gandhi ha sido asesinado en Nueva Delhi esta tarde, a las cinco y diecisiete minutos. Su asesino es hindú.* Todo el país quedó conmocionado.

Aquella misma tarde, Jawaharlal Nehru, llorando, habló a la nación por radio:

> *La luz ha desaparecido de nuestras vidas y todo es ya tiniebla. No sé qué deciros ni cómo hacerlo. Nuestro amado jefe, al que llamábamos Bapu, el padre de la nación, ya no está entre nosotros. Ya no podremos acudir*

a él para que nos enseñe y nos consuele. Es un terrible golpe. He dicho que la luz se ha extinguido, pero no es cierto. La luz que ha brillado sobre este país no era una luz corriente. Dentro de mil años continuará resplandeciendo. El mundo la verá, pues traerá consuelo a todos los corazones. Esta luz representaba algo más que el presente inmediato. Representaba la vía y las verdades eternas, recordándonos el camino recto, protegiéndonos del error, conduciendo a nuestro viejo país hacia la libertad.

Muchos habitantes de la India ayunaron aquel día como muestra de dolor. No se encendieron hogueras, ni siquiera para cocinar. Las emisoras de radio indias sólo emitieron noticias sobre la muerte del gran líder espiritual, así como los himnos y oraciones que solía recitar. La portada del diario *Hindustan Standard* tenía el siguiente titular, enmarcado en una gran orla negra: *Gandhi ha sido asesinado por su propio pueblo, para cuya redención vivió. Esta segunda crucifixión en la Historia del mundo ha tenido lugar en viernes, el mismo día en que Jesús fue ajusticiado mil novecientos quince años antes. Padre, perdónanos.*

Funeral

El cuerpo de Gandhi fue trasladado a la habitación en la que minutos antes había estado conversando con Patel y fue cubierto de flores e incienso, según la tradición hindú. Pronto llegaron a rendirle homenaje Nehru y Mountbatten. Gandhi había expresado su deseo de ser incinerado al modo hindú, en las veinticuatro horas siguientes a su muerte, a orillas del río Yamuna (también conocido como Jammna).

Sus hijos menores, Manilal, Ramdas y Devdas, amortajaron el cadáver de su padre con un sudario de *khadi*. El funeral, celebrado el día 2 de febrero, fue organizado por el propio Louis Mountbatten, que afirmó que Gandhi ocuparía en la Historia el mismo lugar que Buda y Cristo. Las calles amanecieron llenas de gente, todas ellas vestidas de blanco, el color del luto en la tradición hindú. Personalidades de todo el mundo estuvieron presentes allí, incluso Mohammed Alí Jinnah. Los restos mortales del

Mahatma fueron cubiertos de pétalos de rosas y jazmines y colocados sobre una camilla de madera. Irónicamente, en su funeral le fueron rendidos honores militares: la camilla fue transportada los 8 km que separaban Birla House de la pira funeraria a orillas del río Yamuna sobre un vehículo militar sin motor precedido por 250 soldados de los tres ejércitos (británico, paquistaní e indio).

Ramdas Gandhi fue quien prendió la pira funeraria mientras cientos de mujeres lloraban y se arrancaban los cabellos. Muchas de ellas intentaron lanzarse a la pira siguiendo la costumbre de las viudas hindúes que se suicidaban en las piras funerarias de sus maridos muertos.

Las cenizas de Mohandas Gandhi, guardadas en una urna de cobre, viajaron hasta Allahabad en un tren compuesto exclusivamente por vagones de tercera clase. Diez noches después de que los restos del *Mahatma* hubieran ardido en la pira, sus más allegados, Ramdas, Manilal, Devdas, Nehru, Patel, Manu y Abha volcaron sus cenizas en el lugar en el que confluyen las aguas de los ríos Ganges y Yamuna, cerca de Allahabad. Esta escena fue presenciada por más de tres millones de personas, que arrojaron al río hojas llenas de flores, frutas y leche.

Jawaharlal Nehru escribiría más tarde estas palabras, que resumen perfectamente la relevancia de la figura de Mohandas Gandhi en la India y en todo el mundo:

> *Este hombre pequeño, de escasa fuerza corporal, tenía la dureza del acero, algo de granito; no cedía ante fuerzas terrenales por grandes que fueran. Pese a su presencia física insignificante, al paño en torno a las caderas y al cuerpo desnudo, había en él una superioridad regia que forzaba a los demás a obedecerle espontáneamente. [...] Una de las facetas más notables de Gandhi era su capacidad de atraer a sus oponentes a su causa o, al menos, de desarmarlos. Infundió al pueblo indio valor y virilidad, disciplina y tenacidad, la fuerza para sacrificarse alegremente por una buena causa, con toda su modestia y también con orgullo.*

170

VIII. LA INDIA DESPUÉS DE GANDHI

En 1947, cuando se estaba decidiendo en qué términos se produciría la independencia de la India, Jinnah, líder de la Liga Musulmana, padecía tuberculosis pulmonar y sabía que iba a morir. Pero no quería que su muerte obstaculizara de ninguna manera su propósito, es decir, la creación del estado musulmán de Pakistán, por esa razón prohibió a su médico que hiciera público su estado y guardó en una caja fuerte las pruebas médicas que confirmaban la gravedad de su enfermedad. Ni siquiera sus hijas conocían el estado de salud de su padre. Finalmente, Jinnah murió el 11 de septiembre de 1948, siete meses después del asesinato de Gandhi.

La población de Pakistán, tras el éxodo de miles y miles de hindúes, pasó a ser casi exclusivamente musulmana, excepto en la zona oriental, donde permaneció una gran comunidad de hindúes. Al mismo tiempo, cincuenta millones de musulmanes decidieron quedarse en la India en lugar de trasladarse a Pakistán. Éste se convirtió en el mayor estado musulmán del mundo después de Indonesia, pero su situación era bastante precaria: uno de cada cinco paquistaníes era refugiado y los recursos del país, muy escasos. Tras la muerte de Jinnah le sustituyó en su cargo Liaqat Ali Khan, que sería asesinado en 1951.

La situación política de Pakistán fue bastante inestable y marcada por la corrupción. En 1956 se proclamó la República Islámica del Pakistán y dos años después, tuvo lugar un golpe de estado a manos del mariscal Ayub Khan, antiguo oficial del ejército de la India. Desde entonces ha habido un conflicto constante entre las regiones oriental y occidental de Pakistán, debido a las profundas diferencias entre ambas regiones.

La política de Nehru

A los cinco meses de la muerte de Gandhi, Lord Mountbatten dimitió de su cargo como primer Gobernador General de la India independiente. Después regresó a Gran Bretaña, donde fue nombrado Jefe del Estado Mayor de la Defensa, cargo que ejerció hasta 1965.

La política de Jawaharlal Nehru era muy ambiciosa y pasaba por lograr a toda costa la modernización tecnológica de la India. Nehru redistribuyó la propiedad agrícola: eliminó los grandes latifundios, propiedad de los maharajás y los *nizams,* y repartió la tierra entre los campesinos. También nacionalizó la banca, las compañías de seguros y la aviación y fomentó la industralización.

El Primer Ministro indio se esforzó en la creación de un estado laico que estuviera por encima de las religiones y castas, lo que hizo posible la convivencia pacífica entre las distintas comunidades religiosas. Pero, a pesar de estas medidas, no pudo evitar que el hinduismo siguiera teniendo un lugar central en la vida de la India.

Nehru actuó como mediador en varias crisis a nivel internacional. Por esta razón, pronto se convertiría en líder de los países del Tercer Mundo. Su ideología socialista le permitió mantener buenas relaciones con la Unión Soviética y con la China comunista, hasta la invasión de la zona más septentrional de la India por parte de ésta en 1962.

En 1950, Nehru y el primer ministro de Pakistán, Liaqat Ali Khan, firmaron un acuerdo para asegurar la protección de las minorías en ambos países. También en 1950 entró en vigor la nueva constitución de la República India, que tenía un carácter centralista frente a la autonomía de los veintisiete estados federados.

Hasta su muerte en 1964, Nehru fue un ejemplo de humildad poco común entre los políticos: no tenía escoltas, conducía su propio coche, vivía rodeado de una gran sencillez y vistió siempre el *khaddaz,* confeccionado con la rústica tela *khadi.* Cuando murió, a los setenta y cinco años de edad, fue incinerado según la tradición hindú. Parte de sus cenizas fueron esparcidas desde un avión, según sus propios deseos, *sobre los campos en que trabajan los campesinos, a fin de que puedan mezclarse con el polvo de la tierra hindú y convertirse en parte inseparable de ella.* El resto fue vertido en el mismo lugar en el que las cenizas de Gandhi habían sido esparcidas dieciséis años antes.

Lord Mountbatten regresó a la India para asistir al funeral de Nehru y desde entonces ejerció como administrador del Fondo Jawaharlal Nehru, creado por éste para financiar los estudios de ciudadanos indios en Gran Bretaña. El 29 de agosto de 1979 Lord Mountbatten fallecería tras sufrir un atentado por parte del IRA (Ejército Republicano Irlandés).

Desde la muerte de Jawaharlal Nehru su hija, Indira Gandhi, ocupó el cargo de Primera Ministra de la India. Por primera vez en la Historia una mujer accedía a ese cargo. Con la excepción de los tres años entre 1977 y 1980, gobernó el país entre el populismo y el autoritarismo hasta que en 1984 fue asesinada por dos de sus guardaespaldas sijs, como represalia por el ataque armado que había ordenado contra el Templo de Oro en Amritsar el año anterior.

Intocables

La Constitución de la India, aprobada en 1950, decretó la desaparición de la casta de los parias y en 1955 se aprobó una ley contra las ofensas a los intocables. Se había logrado, al menos sobre el papel, una de las aspiraciones principales del *Mahatma*.

Actualmente, los intocables son un grupo muy poco homogéneo: están dispersados por todo el país y según la región hablan lenguas diferentes. Pero a pesar de esas diferencias, desde los años 70 ha surgido cierta identidad de grupo gracias a la labor, fundamentalmente, de ciertos escritores. Empezaron así a publicarse periódicos propios, como *The Dalit Voice,* sus voces empezaron a hacerse oír y algunos intocables comenzaron a tener presencia real en el Parlamento. Finalmente en 1997, un *dalit,* K.R. Narayanan, tomó posesión de su cargo como Primer Ministro de la India. Sin embargo, a pesar de este aparente triunfo, las condiciones sociales y económicas, ya duras de por sí en la India, son mucho más difíciles para los intocables, que constituyen un quinto de la población total de la India, trabajan como agricultores sin tierra y económicamente mantienen relaciones de dependencia con personas de castas superiores. La mayoría de ellos vive en aldeas, en una situación de pobreza extrema, y sufren violaciones y asesinatos con mucha más frecuencia que los miembros de otras castas.

Bangladesh

En 1970 se celebraron elecciones en Pakistán, y el partido vencedor fue la Liga Awami, que propugnaba la autonomía del Pakistán oriental (Bengala). Al año siguiente estalló una guerra civil en esa zona de Pakistán, la más rica en yute del país. Millones de paquistaníes huyeron a territorio indio, lo que provocó que la India exigiera el regreso de todos ellos a Pakistán. Se produjeron numerosas escaramuzas en la zona fronteriza y, finalmente, la India declaró la guerra a Pakistán.

La guerra duró solamente dos semanas, resultando vencedoras las tropas indias. Así, en el mes de enero de 1972, el Pakistán oriental se convirtió oficialmente en el estado de Bangladesh (literalmente, «país de Bengala»), regido mediante democracia parlamentaria. El nuevo estado tenía setenta y cinco millones de habitantes, y durante varios años se benefició de la ayuda económica de la India. De este modo, Bangladesh se convirtió en el cuarto estado nacido a partir de la India británica.

El conflicto de Cachemira

Ya se ha mencionado anteriormente la intervención de la ONU en el territorio de Cachemira, disputado por Pakistán y la India. El 1 de enero de 1949 fue la fecha elegida para el armisticio negociado gracias a la ONU, según el cual la mayor parte de Cachemira quedaba bajo gobierno indio y una pequeña parte al norte permanecía en poder de Pakistán. Tres años después, en 1952, la India integró a Cachemira en la República India aunque con un estatuto especial.

Sin embargo, varios años después, en 1965, resurgió el conflicto entre la India y Pakistán por el dominio de esta zona. La guerra finalizó un año después, para resurgir de nuevo en 1971. El esfuerzo económico necesario para el mantenimiento de estas guerras empobreció aún más a la India.

La India actual

La frase que más se repite al nombrar a la India es que es «la democracia más poblada del mundo»: mil millones de personas habitan el país. Al igual que muchos de los países que sufrieron la colonización y todas sus consecuencias, presenta numerosas contradicciones. Por ejemplo, en 1974 la India se convirtió en la sexta potencia nuclear al crear con su propia tecnología la bomba atómica; sin embargo, es un país en el que la gran mayoría de la población vive en una extrema pobreza y donde el espectacular aumento del crecimiento demográfico limita las posibilidades de un desarrollo sostenido. Además, el 75 por ciento de la población vive en las zonas rurales, característica propia de los países subdesarrollados.

En la actualidad, el peligro más acuciante que se cierne sobre el milenario país es el surgimiento de grupos nacionalistas radicales hindúes representados, entre otros, por el partido en el poder (Bharatiya Janata Party, BJP), partidario de una India para los hindúes y contrario a las minorías religiosas (cristianos y musulmanes), que consideran que en la India sólo deben habitar los que son hindúes de nacimiento. También existe, por parte de estos grupos nacionalistas, una tendencia a institucionalizar la religión hindú desde el poder, de tal modo que son partidarios incluso de volver al sistema de castas que con tanto esfuerzo combatió Gandhi. No aprueban la política conciliadora que promueve la integración entre las diferentes religiones y su objetivo es la reunificación de los territorios que formaron parte de la India en el pasado.

En las elecciones celebradas en mayo de 2004 el Partido del Congreso ha regresado al poder tras ocho años en la oposición. Sonia Gandhi, viuda de Rajiv Gandhi, hijo de Indira asesinado en 1991, resultó elegida como líder del partido en el Parlamento, lo que aseguraba su nombramiento como Primera Ministra. Sin embargo, renunció al puesto, ya que, al ser italiana y cristiana de nacimiento, quería evitar al partido los posibles ataques que pudieran surgir a causa de sus orígenes. En estas mismas elecciones, Rahul Gandhi, hijo de Sonia y Rajiv y, por lo tanto, nieto de Jawaharlal Nehru, ha sido elegido miembro del Parlamento, por lo que la continuidad de la saga que llevó a la India a la independencia está asegurada.

IX. EL LEGADO DE GANDHI

En el lugar donde los restos mortales del *Mahatma* Gandhi fueron incinerados, se levantó un sencillo monumento: una plataforma de piedra negra. Allí fueron inscritas en hindi y en inglés las siguientes palabras pronunciadas por Gandhi:

> *Me gustaría que la India fuera lo bastante libre y fuerte como para ser capaz de ofrecerse en holocausto en aras de un mundo mejor. Cada hombre debe sacrificarse por su familia, ésta por su pueblo, el pueblo por el distrito, el distrito por la provincia, la provincia por la nación y la nación por todos. Yo deseo el advenimiento del Reino de Dios sobre la Tierra.*

El gran legado de Gandhi en la India fue promover un movimiento de reforma a todos los niveles, no sólo político, sino sobre todo social e incluso filosófico, que revitalizara la India sin abandonar la referencia de los valores espirituales tradicionales. Su intención, como él mismo dijo en una ocasión, no había sido *liberar simplemente a la India del yugo británico. Me he consagrado a liberar a la India de cualquier yugo capaz de atenazarla.* Hizo surgir el sentido de identidad india minando al mismo tiempo desde sus cimientos más profundos el sentido británico de rectitud.

Para el *Mahatma,* todo cambio político debía ser la consecuencia de un profundo cambio social. En la India este cambio social incluía la abolición del sistema de castas, del matrimonio entre niños, la dinamización de la economía e industrias locales, la creación de un sistema educativo efectivo y la liberación de la mujer. Pero su afán revolucionario no acababa ahí, el cambio social que iría de la mano del cambio político también debía ir conjuntamente con un cambio a un nivel más personal, una purificación total de los individuos necesaria como base para construir una sociedad nueva en sus comunidades. De ahí sus prédicas sobre la dieta, la higiene, la abstinencia sexual o la medicina natural. No debemos contemplarlas simplemente como la transmisión de algún tipo de religión o espiritualidad, sino como los cimientos que Gandhi consideraba necesarios para, a partir de ellos, de la creación de un conjunto de individuos purificados y comprometidos en la lucha por la verdad, poder así comenzar el proceso de creación de una comunidad más justa en sus relaciones sociales, económicas, laborales y políticas. De este modo, además de la liberación del dominio británico, sólo cuando se consiguiera ese tipo de compromiso a nivel personal por parte del conjunto de la ciudadanía india, podría considerarse a la India un país verdaderamente libre.

Y, además de todo lo anterior y dejando de lado cualquier tipo de consideración política, otra de las intenciones del padre de la patria india era transmitir un mensaje de esperanza con el fin de mejorar la calidad de vida de los más desfavorecidos. Ellos debían lograr su dignidad, su libertad para elegir su religión, su modo de vida, su capacidad de autogestión y de autogobierno. El objetivo de Gandhi no era lograr la riqueza económica de su pueblo, sino la renuncia consciente a lo superfluo. Quería despertar la conciencia de sus compatriotas (y, a partir de su ejemplo, de todos los habitantes del mundo) para que lograran vivir una existencia plena en todos los sentidos, además de libre. A través de su renuncia en todos los sentidos, logró realmente un alivio en el dolor ajeno del modo más sencillo posible: yendo de lo más ínfimo para lograr así las metas más elevadas. Gandhi limpiaba una letrina y devolvía su dignidad a aquéllos condenados a realizar los trabajos más despreciables. Gandhi ayunaba y hacía que les remordiera la conciencia a los poderosos que tenían en sus manos los más elementales derechos del pueblo. Gandhi murió violentamente e hizo el mayor de los sacrificios posibles por la paz. Pero sus ideales iban mucho más allá de la política o la independencia de la India. Y, por supuesto, mucho más allá de las fronteras de su país. Según afirmó en una retransmisión por radio de la *Columbia Broadcasting System* (CBS) para Estados Unidos durante su estancia en Londres en 1931: *El mundo busca una salida, y yo me vanaglorio al pensar*

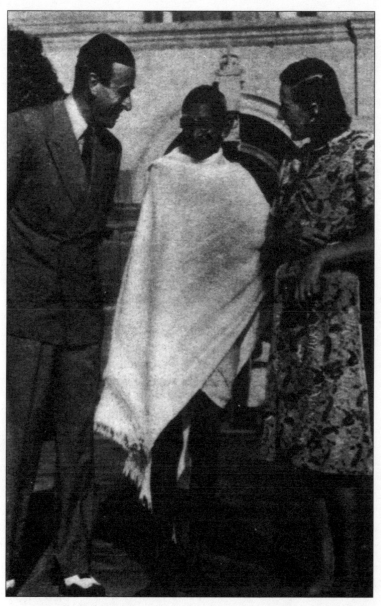

*Proclamada la independencia, Gandhi visita a Mountbatten
preocupado por la paz entre hindúes y musulmanes.*

que quizá el antiquísimo país que es la India tenga el privilegio de mostrar la salida a ese mundo hambriento.

Hemos visto cómo el relato de la vida de Mohandas Gandhi va necesariamente acompañado de la historia de la independencia de la India, pero la influencia de este pequeño hombrecillo va mucho más allá de la historia de su país. Gandhi demostró al mundo que existía una nueva forma de lucha respetuosa con la vida. Y, además, que esa lucha podía tener éxito. El siglo XX ha contemplado numerosos movimientos de desobediencia civil y de lucha no-violenta, que probablemente no habrían sido posibles sin su ejemplo previo.

A partir de los años 50, Martin Luther King lideró en Estados Unidos un movimiento contra la discriminación de los negros en el que utilizó el boicot, la resistencia pasiva y las marchas pacíficas como armas sociales y políticas. Los transportes y todo tipo de negocios que discriminaban a los negros fueron boicoteados con la esperanza de que las pérdidas hicieran cambiar de política a las empresas. Gracias a esta lucha y su repercusión mediática, logró que en 1965 se abolieran algunas leyes discriminatorias en los estados sureños.

También es indudable que, además de la influencia de Gandhi, a partir de la década de los años 60 Occidente se ha interesado cada vez más por la filosofía oriental, que en muchas de sus tradiciones tiene muy presente el pacifismo y el respeto por cualquier forma de vida. A partir de que *Los Beatles* se interesaran por la meditación trascendental y viajaran a la India a finales de los 60, se ha ido conociendo de forma popular cada vez más la filosofía hindú, la creencia en la reencarnación y los principios que sustentan el vegetarianismo. De alguna manera, estas ideas vinieron a llenar el vacío espiritual que ha caracterizado a Occidente durante el siglo XX, además de ofrecer ideas y prácticas a todos aquellos que buscaban alternativas a las propuestas por las religiones tradicionales occidentales.

En la misma década de los 60 en Estados Unidos se creó el Movimiento Americano de Desobediencia Civil como reacción ante la Guerra de Vietnam. Muchos ciudadanos norteamericanos se cuestionaban si era moralmente justificable participar en un conflicto que muchos consideraban una guerra civil. Para expresar su descontento se celebraron marchas y manifestaciones pacíficas. Este movimiento demostró que el método de la lucha no-violenta podía adaptarse a otras situaciones y lugares distintos de la India.

En la llamada «Primavera de Praga», movimiento aperturista checoslovaco que tuvo lugar en el año 1968, la población civil resistió de forma no-violenta a las tropas del Pacto de Varsovia que habían penetrado con sus tanques para aplastar el movimiento. La población utilizó métodos de resistencia pasiva tan imaginativos como cambiar las señales de tráfico para que las tropas se perdieran y dialogó con los soldados invasores para convencerles de que sólo querían una reforma del comunismo y consiguió contener la invasión hasta que el gobierno checoslovaco llegó a un acuerdo con los países del Pacto de Varsovia.

El 25 de abril de 1974 tuvo lugar en Portugal la Revolución de los Claveles, en la que los militares se sublevaron contra el gobierno del dictador Salazar. Lo verdaderamente sorprendente de esta revolución es que se logró pacíficamente, sólo murieron cuatro personas. Las fotografías de los militares desfilando por Lisboa con claveles en sus fusiles son una de las imágenes más esperanzadoras que nos ha dado el siglo XX.

No podemos olvidar tampoco la heroica resistencia del estudiante chino intentando detener el avance de un tanque durante la carga del ejército por las manifestaciones estudiantiles en la plaza de Tiananmen en junio de 1989 en Pekín. Realmente las imágenes de este joven desplazándose para impedir el paso del tanque cuando éste intentaba rodearle nos muestran de la manera más gráfica el tremendo valor que reside en la resistencia pacífica.

Organizaciones a nivel mundial, como Greenpeace o Amnistía Internacional, tienen como únicas armas las mismas que utilizó Gandhi. En el caso de Greenpeace, suele utilizar métodos de acción directa, semejantes a la Marcha de la Sal organizada por el *Mahatma,* destinados a llamar la atención de los medios de comunicación para hacer ver un problema concreto: despliega grandes carteles en edificios simbólicos, sus miembros se encadenan a barcos que vierten residuos tóxicos, etc.

Amnistía Internacional hace públicos informes anuales sobre la situación de los derechos humanos en todo el mundo, organiza manifestaciones pacíficas, envíos masivos de cartas de protesta, recogidas de firmas...

En los últimos años del siglo xx y estos primeros del siglo xxi también podemos ver a nuestro alrededor numerosos ejemplos de lucha no-violenta y desobediencia civil. En los últimos años, España ha visto cómo desaparecía el servicio militar obligatorio gracias a los miles de jóvenes que se negaron a prestar este servicio recurriendo a la prestación social sustitutoria. Otros muchos se declararon insumisos y se enfrentaron a penas de cárcel como forma de protesta. Y tenemos otro ejemplo mucho más reciente: los millones de personas que salieron a la calle en toda España pidiendo paz tras los atentados del 11 de marzo de 2004 en Madrid. Medios de comunicación de todo el mundo se hicieron eco de la sorprendente noticia: la sociedad española no clamaba venganza, sino que se echaba a las calles pidiendo paz rindiendo honor a la famosa frase del *Mahatma:* «Ojo por ojo y el mundo se queda ciego».

CRONOLOGÍA

1869 — Mohandas Karamchand Gandhi nace el 2 de octubre.

1882 — Matrimonio con Kasturbai Nakanji.

1885 — Muere Karamchand Gandhi, padre de Mohandas. Nace y muere su primer hijo.

1887 — Nace Harilal, segundo hijo varón de Gandhi.

1888 — Viaja a Londres a estudiar Derecho, dejando a su esposa e hijo en la India.

1891 — Termina sus estudios de Derecho en el Inner Temple de Londres. Regresa a la India.

1892 — Nace Manilal, su tercer hijo (segundo con vida). Trabaja como abogado y escribiente en Bombay y Rakjot.

1893 — Viaja a Sudáfrica contratado por Dada Abdullah & Co.

1894 — Funda el Congreso Indio de Natal.

1897 — Regresa a la India y vuelve a Sudáfrica con su familia. Nace su cuarto hijo (tercero con vida), Ramdas.

1899 — Guerra contra los boers. Gandhi forma parte del cuerpo de ambulancias.

1901 — Nace su quinto (cuarto) hijo, Devdas. Regresa con su familia a la India, para instalarse allí.

1902 — Los indios de Sudáfrica le reclaman y regresa de nuevo.

1903 — Lee *Unto this Last,* de John Ruskin.

1904 — Funda el semanario *Indian Opinion.* También funda el primer *ashram* en Sudáfrica (Phoenix).

1906 — Segunda Guerra de los Boers. Gandhi crea el Cuerpo de Ambulancias y es condecorado por el Imperio Británico con una medalla al mérito militar. Gandhi promueve la primera campaña de resistencia pasiva.

1907 — Gandhi hace el voto solemne de castidad *(brahma-charya)*.

1908 — Es encarcelado durante dos meses por la campaña de resistencia pasiva. Se promulga la *Ley Negra*. Lee *Desobediencia civil,* de H. D. Thoreau.

1909 — Se publica su primer libro, *La autonomía de la India.* Comienza su relación epistolar con León Tolstoi.

1910 — Funda su segundo *ashram,* llamado Granja Tolstoi.

1912 — Voto de pobreza, Gandhi renuncia a toda propiedad privada.

1913 — Nueva campaña de desobediencia civil, esta vez contra la ley que invalidaba los matrimonios no cristianos. Cruza la frontera del Transvaal y, junto a miles de personas, es encarcelado.

1914 — Viaja a Londres.

1915 — Regresa definitivamente a la India, donde adopta la vestimenta típica hindú *(khaddaz)*. Tagore le da el apelativo con el que sería conocido en todo el mundo: *Mahatma* (alma grande).

1916 — Pacto de Lucknow, en el que hindúes y musulmanes unidos exigen al Imperio Británico la autonomía de la India. Gandhi pronuncia su polémico discurso en la inauguración de la Universidad de Benarés.

1917 — Gandhi colabora con los campesinos en la llamada *lucha del índigo* en Champaran (Bihar). También apoya la huelga de obreros textiles en Ahmedabad.

1918 — Colabora en una campaña de reclutamiento de soldados indios para luchar con Gran Bretaña en la Primera Guerra Mundial. La guerra finaliza antes de que entren en combate.

1919 — Huelga general y ayuno de veinticuatro horas como rechazo al «decreto Rowlatt». Se produce la masacre de Amritsar (Punjab).

1920 — Gandhi es elegido presidente del Partido del Congreso y promueve la primera campaña de resistencia pasiva, centrada en el boicot a los tejidos ingleses.

1921	—	Adopta como vestimenta el *dhoti* (paño alrededor de la cadera), con el que será identificada su imagen en todo el mundo.
1922	—	Huelga de impuestos en Bardoli (Gujarat). Se produce la matanza en el cuartel policial. Gandhi inicia un ayuno y el 18 de marzo es condenado a seis años de cárcel como instigador.
1924	—	Consigue un indulto por motivos de salud. Ayuna veintiún días por la reconciliación entre musulmanes e hindúes.
1925	—	Funda la *All Indian Spinners Association* (Asociación de hilanderos de la India).
1928	—	Se publica su libro *Satyagraha en Sudáfrica*.
1930	—	Promueve la Marcha de la sal (segunda campaña de resistencia pasiva y desobediencia civil). El 4 de mayo es encarcelado de nuevo junto a miles de congresistas. Se celebra la primera Conferencia de la Mesa Redonda en Londres.
1931	—	El 26 de enero es puesto en libertad gracias al Tratado de Delhi. Suspende la campaña de desobediencia civil y todos los presos políticos son liberados el 5 de marzo. En septiembre viaja a Londres para participar en la segunda Conferencia de la Mesa Redonda. También visita Francia, Italia y Suiza.
1932	—	El 4 de enero es encarcelado en Yeravda. Comienza una huelga de hambre contra la segregación de los intocables en las elecciones.
1933	—	Realiza una campaña a favor de los intocables y funda la revista *Harijan*.
1934	—	Abandona la dirección del Partido del Congreso.
1935	—	Gran Bretaña transfiere algunos poderes a los dirigentes hindúes.
1937	—	Se celebran elecciones generales (la mayoría de los ministros elegidos pertenecen al Partido del Congreso) y se aprueba la Constitución, llamada Ley India. Birmania es separada de la India.
1939	—	Gandhi escribe a Adolf Hitler para que acabe con la guerra.

1940 — Gandhi hace público su rechazo a la intervención de la India en la Segunda Guerra Mundial.

1942 — En la campaña *Quit India* (Marchaos de la India) se exige la independencia completa del país. El 9 de agosto Gandhi es encarcelado nuevamente.

1944 — Muere Kasturbai, esposa de Gandhi. El 6 de mayo sale de la cárcel por motivos de salud. Intenta llegar a un acuerdo con la Liga Musulmana.

1945 — Los musulmanes exigen que la India sea dividida. El 16 de agosto se producen violentos disturbios en Calcuta.

1947 — El 3 de junio el primer ministro británico anuncia la independencia de la India, pero es dividida en dos países: la India y Pakistán. El 15 de agosto se proclama la independencia. En octubre estalla una guerra entre la India y Pakistán por el territorio de Cachemira.

1948 — El 20 de enero Gandhi sufre un atentado. Diez días después, el 30 de enero, es asesinado por el fanático Nathuram Godse en Nueva Delhi.

BIBLIOGRAFÍA

FISCHER, L.: *Gandhi*, Plaza & Janés. Barcelona, 1983.

GANDHI, M. K.: *An Autobiography or The Story of my Experiments with Truth*, Navajivan Publishing House. Ahmedabad, 1959.

HERRANZ, R. (recopilación de textos): *Grandes biografías, Mohandas Karamchand Gandhi*. Ediciones Rueda J.M., S.A., Madrid, 1995.

KNOTT, K.: *Introducción al hinduismo*. Acento Editorial. Madrid, 1999.

MARTÍNEZ CARRERAS, J. U.: *La Independencia de la India*. Cuadernos Historia 16. Nº 217. Madrid, 1985.

METCALF, B. y METCALF, T.: *Historia de la India*. Cambridge University Press. Madrid, 2003.

SANTONI, E.: *El budismo*. Acento Editorial. Madrid, 2002.

THOREAU, H. D.: *Walden and Civil Disobedience. The variorum editions*. Edición de Walter Harding. Pocket Books. Nueva York, 1974.

WOODCOCK, G.: *Gandhi*. Planeta De Agostini. Barcelona, 1995.

http://www.cia.gov/cia/publications/factbook/geos/in.html Página web oficial de la CIA, en la que se muestran los datos sociopolíticos, geográficos y económicos más actualizados sobre la India.

ÍNDICE